Rolf W. Meyer

Wären wir bloß Jäger und Sammler geblieben
oder
Die Hoffnungslosigkeit einer beherrschenden Unterart auf der Erde

Rolf W. Meyer
Wären wir bloß Jäger und Sammler geblieben

Coverbildmontage unter Verwendung eines Fotos vom Neanderthal Museum, Mettmann
Umschlag & Satz: Erik Kinting – www.buchlektorat.net

Alle Personen und Geschichten sind real, sie werden aber teilweise verfremdet dargestellt. Eventuelle Ähnlichkeiten und Überein-stimmungen mit den Namen von lebenden Personen sind nicht be-absichtigt und daher rein zufällig.

Druck: epubli, ein Service der neopubli GmbH, Berlin

Dieses Buch widme ich den Mitwirkenden im und für das Neanderthal Museum in Mettmann. Durch ihren Einsatz, der sich in diesem weltweit einmaligen Museum für die Entwicklungsgeschichte der Menschheit widerspiegelt, tragen sie mit dazu bei, den Besucherinnen und Besuchern aus der ganzen Welt die biologische und kulturelle Evolution des Trockennasenprimaten Mensch anschaulich zu vermitteln.

„Im Laufe seiner Stammesgeschichte, die in Afrika begann, hat sich auch für den anatomisch modernen Menschen (Homo sapiens sapiens) das Zusammenleben in kleinen, gut überschaubaren Sozialverbänden als eine verlässliche Überlebensstrategie erwiesen. Dabei standen nicht nur eine Arbeitsteilung als jagende und sammelnde Individuen, sondern auch deren Kooperation im Vordergrund. Mit der Sesshaftwerdung des anatomisch modernen Menschen, die durch Mutationen in seinem Genpool und durch Klimaveränderungen ermöglicht wurde, begannen im Zusammenhang mit der neolithischen Evolution in verhängnisvoller Weise nicht nur die Ausbildung von Massengesellschaften, sondern auch deren kriegerische Auseinandersetzungen."

Rolf W. Meyer, Ratingen

Inhalt

Prolog

Der britische Naturforscher **Charles Robert Darwin** (1809 – 1882) gilt wegen seiner umfangreichen Beiträge zur Evolutionstheorie (Evolution = allmählich fortschreitende Entwicklung) als einer der bedeutendsten Naturwissenschaftler. Die Ende 1831 begonnene und fast fünfjährige Reise mit dem Forschungsschiff HMS Beagle führte den jungen Charles Darwin einmal um die Welt. Diese Forschungsreise war für ihn ein bedeutsames Schlüsselerlebnis und die Grundlage für sein späteres Werk zur Evolutionstheorie.

1838 entwickelte Charles Darwin seine Theorie der Anpassung von Lebewesen an den natürlichen Lebensraum durch **Variation** („Veränderung") und **natürliche Selektion** („Auslese"). Dadurch erklärte er die **phylogenetische** („stammesgeschichtliche") **Entwicklung** aller Organismen auf der Erde und ihre Aufspaltung in verschiedene Arten.

1859 veröffentlichte Charles Darwin sein Hauptwerk „Die Entstehung der Arten durch natürliche Zuchtwahl". In seiner Veröffentlichung von 1871 „Die Abstammung des Menschen und die geschlechtliche Zuchtwahl" äußerte sich der britische Naturforscher Charles Darwin mit der „sexuellen Selektion" zu einem zweiten Selektionsmechanismus. Auf der Grundlage dieser Theorie begründete er **die natürliche Abstammung des Menschen**.

Die Aussage seiner Evolutionslehre, dass der Mensch sich **aus tierlichen Vorfahren** nach allgemeinen Regeln der Evolution entwickelt hat, schockierte viele religiöse Menschen, da für sie die Aussagen der biblischen Schöpfungsgeschichte ausschlaggebend waren. Auch heute noch beziehen sich viele Menschen als Anhänger des **Kreationismus** („Schöpfungsglaube") ausschließlich auf die biblische Schöpfungsgeschichte, und die Anhänger der Theorie des **Intelligent Design** berufen sich auf einen „intelligenten Schöpfer", der ihrer Meinung nach, das Wunder der Schöpfung steuerte. In den letzten mehr als 150 Jahren haben Wissenschaftler der **Paläoanthropologie** (multidisziplinäre Wissenschaft von der Evolution des Menschen) jedoch eine bedeutende Anzahl von Funden menschlicher Fossilien gemacht, mit denen sich die natürliche Evolution des Menschen belegen lässt.

Bei der Gestaltung des Buchtitels hätte ich statt „Jäger" und „Sammler" auch die Begriffe „Jagende" und „Sammelnde" verwenden können. Dadurch wäre ich dem Druck der unsagbaren Political Correctness ausgewichen. Ich hätte auch ebenso die Bezeichnungen „JägerInnen" und „SammlerInnen" benutzen können. Aber ich sehe nicht ein, warum ich dieses unsägliche Gendern, das uns eine politisch motivierte Minderheit vorschreiben möchte, mit unterstützen soll.

Wer sich objektiv mit den Verhaltensweisen der Menschen aus den frühzeitlichen bis zu den jetztzeitlichen Zeitphasen beschäftigt, erfährt, dass die beiden lebenserhaltenden Tätigkeiten „Jagd" und „Sammeln" schon immer jeweils von beiden Geschlechtern, nämlich männlich und weiblich, ausgeübt worden sind.

Rolf W. Meyer, Ratingen

Auf der Suche nach neuen Erkenntnissen

Schon lange beschränken sich Paläoanthropologen nicht mehr nur darauf, fossile Funde zu datieren, zu vermessen und in Stammbäume bzw. Stammbüsche einzuordnen. Vielmehr setzt man Untersuchungsmethoden aus verschiedenen Fachbereichen ein und bemüht sich um eine möglichst umfassende Rekonstruktion des Alltagslebens der menschlichen Vorfahren. Dabei untersucht man Zusammenhänge zwischen ökologischen Bedingungen, Sozialsystemen, Lebensgeschichte sowie Anatomie und Physiologie mit Blick auf die Eignung bzw. dem Fortpflanzungserfolg der Individuen. Manche Faktoren der **Hominisation** („Menschwerdung"), wie z. B. Körpergröße, Geschlechtsdimorphismus, Gehirnvolumen, Gebiss, Werkzeugherstellung, können aus fossilen Funden direkt erschlossen werden. Andere Faktoren, wie etwa Lebensgeschichte und Kommunikation, lassen sich oft nur indirekt erschließen.

*Als **Hominine** bezeichnet man den Menschen und seine ausgestorbenen Vorfahren (Homo-Formen und Vormenschenformen).*

*Als **Hominiden** bezeichnet man die Menschenaffen (Orang-Utan, Gorilla, Schimpanse, Bonobo) und den Menschen (einschließlich aller ausgestorbener Vorfahren).*

*Als **Hominoide** bezeichnet man Gibbons, die großen Menschenaffen und den Menschen (einschließlich aller ausgestorbener Vorfahren)*

Da die Hominisation nach wissenschaftlichen Erkenntnissen den **Prinzipien der Selektion** unterlag, sind die Entwicklungen der Homininen im Laufe der Evolution als stammesgeschichtlich erworbene, genetisch verankerte adaptive Veränderungen zu verstehen.

Mit drei Fragen haben sich Menschen schon immer auseinandergesetzt: „Woher kommen wir?“, „Wer sind wir?“, „Wohin gehen wir?“. Die Wissenschaftler sind sich weitgehend darüber einig, dass **Afrika die Wiege der Menschheit** ist. Hier spielten sich die vier entscheidenden Phasen der Evolution des Menschen ab: die Entstehung der Vormenschen (Australopithecien), der Urmenschen (Homo rudolfensis, Homo habilis), der Frühzeitmenschen (Homo erectus) und der anatomisch modernen Menschen (Homo sapiens sapiens). In den tropischen Regenwäldern, die noch vor 20 Millionen Jahren den afrikanischen Kontinent weiträumig bedeckten, lebten die ursprünglichen Populationen der afrikanischen Menschenaffen (Hominoiden) und später auch die ersten Hominiden.

Nicht nur **Anthropologen** („Erforscher des Menschen“) bemühen sich, auf die Frage „Wer sind wir?“ Antworten zu geben. Auch **in anderen Wissenschaftsbereichen** (z. B. Ethnologie („Völkerkunde“), Philosophie, Religionswissenschaft, Sozialwissenschaften) versucht man im Hinblick auf diese Fragestellung Erkenntnisse zu gewinnen. Auch **die moderne Primatenforschung** liefert uns wertvolle Erkenntnisse, die mit dazu beitragen, das Wesen des Menschen zu charakterisieren. Es ist nämlich die „Affennatur“, die eine der Besonderheiten des Menschen ausmacht. **Begründung:** Nicht nur die meisten körperlichen Merkmale, sondern auch viele Verhaltensweisen von Primaten sind Ergebnisse einer stammesgeschichtlichen Anpassung. Das bedeutet, dass der Mensch körperlich, sozial-emotional und geistig nur als Produkt der Primatenevolution zu begreifen ist.

Übrigens: *Ein Mensch (bezogen auf einen 70 kg schweren Mann) kann aus 30 Billionen Körperzellen bestehen. Dass dieser riesige Zellenverband wirkungsvoll arbeitet, erklärt der Nobelpreisträger* *von 2001, Paul Nurse, damit, dass das Geheimnis „die Einheit in der Vielfalt" ist.*[1] *Nach Nurse haben alle Zellen etwas gemeinsam: „Sie wachsen, reproduzieren sich, erhalten sich selbst. Sie leben."*[2]

Verschaffen wir uns einen Überblick über **die Merkmale des Lebendigen**:

- Strukturelle Vielfalt und Untergliederung
- Stoffwechsel und Energiewechsel
- Regulation
- Reizbarkeit, Bewegung und Verhalten
- Existenz in Wechselbeziehungssystemen
- Fortpflanzung und Entwicklung des Einzelwesens („ontogenetische Entwicklung")
- Stammesentwicklung („phylogenetische Entwicklung")

Selbst, wenn es niemand wahrhaben möchte: Auch **der Tod** gehört mit zum Leben.[3]

Kommen wir von der Arbeitsleistung eines Zellverbandes zur Arbeitsleistung des anatomisch modernen Menschen. Die Frage, die den südafrikanischen Anthropologen **James Suzman** dazu veranlasst hat, sich mit dem vergleichenden Aspekt der Arbeit bei den frühzeitlichen Jägern und Sammlern und der Arbeit von Menschen der industrialisierten, „modernen" Welt zu beschäftigen, ist: „Warum muss der durchschnittliche Bewohner der industrialisierten Welt zu Beginn des 21. Jahrhunderts eigentlich mehr arbeiten als ein Mensch aus der Jäger-und-Sammler-Zeit, obwohl die technologische Entwicklung in den Jahrhunderten seitdem das Leben doch hätte erleichtern können?"

In seinem Buch „Sie nannten es Arbeit“[4] beschreibt der Anthropologe James Suzman **drei große Entwicklungssprünge** in der Entwicklungsgeschichte des Homo sapiens sapiens:

- Die **Zähmung des Feuers**, wodurch sich die frühzeitlichen Menschen vielfältige Ernährungsmöglichkeiten schufen. Die Nutzung proteinreicher Nahrung wird wahrscheinlich mit dazu beigetragen haben, dass sich deren Gehirne entscheidend vergrößerten.
- Der **Beginn des Ackerbaus und der Viehzucht**, durch den die Menschen des Neolithikums („Jungsteinzeit“) sich in Siedlungen niederließen, aus denen Städte wurden.
- Die **industrielle Revolution** (Beginn in der zweiten Hälfte des 18. Jahrhunderts), mit der die Menschheit ihren Energieverbrauch enorm steigerte.

Nach James Suzman legt die jüngste Forschung nahe, „dass Jäger und Sammler wahrscheinlich zufriedene, wohlgenährte und egalitäre [auf Gleichheit gerichtet] Gemeinschaften gebildet hätten, die nur kurze Zeit des Tages mit der Nahrungsbeschaffung zubrachten – und sich die meiste Zeit mit den angenehmen Dingen des Lebens beschäftigten.“[5]

Im Gegensatz dazu dreht sich das Leben heutiger Menschen oft nur um die Arbeit. Bei gegenwärtig 7,95 Milliarden Menschen auf der Erde (Stand Januar 2022) ist allein durch einen Teil der Weltbevölkerung zur **Aufrechterhaltung eines gehobenen Lebensstandards** der Verbrauch an Naturressourcen und die Verschmutzung der natürlichen Umwelt so groß, dass es angesichts des Klimawandels klüger wäre, aus dem wirtschaftlichen Wachstumsraster zu entkommen.

Jedoch: Der Mensch kommt auf Grund seines stammesgeschichtlichen Erbes in den gegenwärtigen modernen Gesellschaftsformen nicht mehr ohne weiteres zurecht. Dies lässt dich folgendermaßen begründen: Bis vor etwa 15.000 Jahren, das bedeutet während etwa 99,6% der Menschheitsentwicklung, lebten die Menschen ausschließlich als Jäger und Sammler. Man kann sicher davon ausgehen, dass sie an diese Lebensweise gut angepasst waren. Danach entwickelten sich mit Übergangsphasen der Semisesshaftigkeit Pflanzer- und Hirtenkulturen.

Vorratswirtschaft und Tauschhandel bedingten und ermöglichten das Zusammenleben vieler Menschen auf kleinem Raum, nämlich in einem Dorf, und später in der Stadt. Die vermutlich älteste Stadt der Welt, Jericho im Jordantal, entstand 7000 v. Chr. Mit der industriellen Revolution um 1850 wurde die Entstehung von Großstädten und damit eine wahre Bevölkerungsexplosion ermöglicht. Damit ist zwar die Umwelt des Menschen in einem relativ kurzen Zeitraum völlig verändert worden, nicht aber sein Erbgut. Im Zeitalter der Computertechnik und damit im digitalen Zeitalter denken, fühlen und handeln wir allerdings immer noch mit einer „Steinzeitpsyche".

Eindrucksvoll ist die wissenschaftliche Erkenntnis, dass die wichtigste Überlebens- und Entwicklungsleistung unserer frühzeitlichen Vorfahren nicht in der Suche nach Nahrung und nicht in der Abwehr von Naturgewalten sowie von wilden Tieren bestand, **sondern** in der erfolgreichen Auseinandersetzung mit der größten aller Herausforderungen: dem Zusammenleben mit anderen Menschen.

Wenn es ein „Markenzeichen" der Spezies Homo sapiens gibt, dann ist es die hochentwickelte Fähigkeit zur Kooperation. Daran ändern auch Phänomene wie Krieg, ideologisch geführter Rassismus sowie Unterdrückung und Ausbeutung von Menschen nichts. Diese Phänomene sind nicht das eigentliche Wesen des Menschen, sondern sie sind lediglich die Folgen von pervertierten oder misslungenen Kooperationen.

Es gibt, nicht nur genetisch betrachtet, mehr Gemeinsamkeiten zwischen den Menschen als Unterschiede. Alle Menschen haben die gleiche psychische Grundausstattung und sind deshalb auch zu gegenseitigem Verständnis und zur Zusammenarbeit fähig.[6]
Im Hinblick auf das stammesgeschichtliche Erbe des anatomisch modernen Menschen hatte der österreichische Evolutionsbiologe und Verhaltensforscher Irenäus Eibl-Eibesfeldt (1928 – 2018) unter anderem folgende Aussagen formuliert:[7]

- Wahrnehmung, Emotionalität und konkretes Handeln des Menschen werden nachweislich von **stammesgeschichtlichen Programmierungen** [angeborene Verhaltensweisen] mitbestimmt. Diese entwickelten sich in jener langen Zeit, in der unsere [frühzeitlichen] Vorfahren als altsteinzeitliche Jäger und Sammler lebten.
- Mit der **technischen Zivilisation** [im digitalen Zeitalter] und mit den **Millionenstädten** [„Megastädte“ bzw. „megaurbane Räume“] schufen wir uns eine Umwelt, für die wir biologisch nicht geschaffen sind. Die kurze Zeit, in der wir unter diesen Bedingungen leben, reichte nicht aus, um uns genetisch an die neuen Lebensbedingungen anzupassen.
- Biologisch ist auch der moderne Mensch an ein **Leben in territorialen Kleingruppen** angepaßt, die sich gegen andere abgrenzen. Familie (Drei-Generationen-Familie) und Sippe [eine Vielzahl von Familien umfassende Gruppe von Menschen mit gemeinsamer Abstammung] bilden die Kristallisationskerne solcher Gemeinschaften.

- Der **Mensch der Altsteinzeit** lebte naturnah und angepaßt an die Herausforderungen eines risikoreichen Lebens. Das züchtete ihm eine Risikoappetenz an, die wir in Ersatzhandlungen ausleben. Die **Belastungen der Neuzeit** wie Arbeitsstreß, berufliche Abhängigkeit von anderen, Naturferne und das Fehlen der traditionellen Herausforderungen belasten uns zusätzlich und sorgen für Irritation.
- Die Prognosen für den **Aufbau einer multikulturellen Immigrationsgesellschaft** sind [...] wenig günstig. Grenzt sich in einem bereits besiedelten Gebiet eine weitere, landlose Solidargemeinschaft ab, die mit den Ortsansässigen um begrenzte Ressourcen konkurriert, dann löst dies territoriale Abwehr aus. Ferner bekräftigt die Angst um Identitätsverlust die Xenophobie [„Fremdenscheu“]. In Krisenzeiten kommt es dann leicht zu Konflikten.
- Wir müssen lernen, **in längeren Zeiträumen vorauszudenken**, und dementsprechend ein generationsübergreifendes Überlebensethos ausbilden. Dazu müssen wir die Falle des Kurzzeitdenkens, die „Konkurrenzfalle“, vermeiden.

Es lohnt sich, auf ein neuzeitliches Phänomen einzugehen, mit dem sich der deutsche Soziologe und Politikwissenschaftler Hartmut Rosa intensiv beschäftigt hat: **Beschleunigung und Entfremdung.**[8] Seiner Ansicht nach ist Beschleunigung das alles beherrschende Phänomen unserer modernen Zeit (Der Vorstandschef von Microsoft, Steve Ballmer: „Schneller! Schneller! Schneller! Schneller!“).[9]

Nach Hartmut Rosa verschafft sie den Menschen nicht mehr, sondern weniger Freizeit. Im **Zeitalter der Beschleunigung** hat sich nicht nur das individuelle Lebenstempo beschleunigt (ein auslösender Faktor ist das Konkurrenzdenken), sondern die Politik hat ihre beherrschende Rolle verloren. In der „Beschleunigungsgesellschaft“ werden die Objekte nicht mehr repariert. Die Folge eines beschleunigten Lebenswandels ist die „Wegwerfkultur“. Für Hartmut Rosa führt der beschleunigte Lebensstil der Gegenwart zu einer Entfremdung des Individuums vom Raum, von den Dingen, von der Zeit und den eigenen Handlungen.

Seit der Steinzeit lässt sich der Einfluss des Menschen im Bodenbereich seiner Umwelt nachweisen. Die letzten 12.000 Jahre kennzeichnen das **Zeitalter des Holozän**. In diesem jüngsten, nacheiszeitlichen Abschnitt des Erdzeitalters hat der Mensch, um es noch einmal hervorzuheben, eine wesentliche Wandlung seines Lebensstils vollzogen, indem ursprüngliche Jäger und Sammler sesshaft wurden und Ackerbau und Viehzucht betrieben.

Aus aktuellem Anlass einer grundlegenden Veränderung der Erde diskutieren Wissenschaftler darüber, ob durch die neuzeitlichen Veränderungen auf der Erde, hervorgerufen durch die jetztzeitlichen Menschen, von einer neuen geologischen Epoche gesprochen werden kann, dem so genannten **Anthropozän** („Das Zeitalter des Menschen“). Es sind sechs schwerwiegende Umweltveränderungen, die in ihren Auswirkungen als bedeutsam angesehen werden:[10]

- Veränderung der Oberfläche des Bodens an Land, z. B. durch Straßen, Steinbrüche und landwirtschaftliche Flächen.
- Ausbreitung eines dichten Netzes im Boden-Untergrund von U-Bahn-Schächten, Wasserrohren, Strom- und Telefonleitungen sowie von Tunnelsystemen und Geheimgängen
- Auswirkungen durch den Bergbau (Abbau von Lagerstätten der Bodenschätze in Bergwerken [„unter Tage“] oder im Tagebau)
- Bohrungen in der Erdkruste

- Anlegen von unterirdischen Deponien, z. B. für radioaktiven Abfall, für chemischen Müll, Erdgas, Trinkwasser oder für Kohlenstoffdioxid (CO_2)
- Unterirdische und oberirdische Atomtests, wodurch viel, sich toxisch auswirkende Radioaktivität freigesetzt wird.

Wenden wir uns einem weiteren Problem zu, in diesem Fall einer sozialen Problematik, in Verbindung mit der Frage, welche wichtigen Überlebens- und Entwicklungsleistungen heutzutage zu vollbringen sind. Interessant ist in diesem Zusammenhang ein Interview, das die Journalisten Jochen Bittner und Martin Machowecz von der ZEIT-Redaktion mit dem Altbundespräsidenten Joachim Gauck geführt haben.[11] Die auszugsweise wiedergegebenen Ausführungen beziehen sich auf die Bundesrepublik Deutschland im Jahr 2021.

„***ZEIT:*** *„Was ist los mit unserem Land? Uns fehlt der Schwung zur Erneuerung, die Bereitschaft, Risiken einzugehen, eingefahrene Wege zu verlassen, Neues zu wagen. Ich behaupte: Wir haben kein Erkenntnisproblem, sondern ein Umsetzungsproblem. [...]*
ZEIT: *Warum verhallt es?* ***Gauck:*** *Weil wir nicht mehr ausreichend wagen. Die Tugend des Mutes ist unterbewertet, weil es uns seit Generationen sehr gut geht. Wir leben seit vielen Generationen ohne Krieg, ohne Not und mit beständig wachsendem Wohlstand. Menschheitsgeschichtlich ist das unnormal. Man kann so tun, also wäre dieser Zustand durch Stillhalten zu sichern. Aber wenn wir beispielsweise die Wirtschaft betrachten, spüren wir, dass dies eine Haltung ist, die innovationsfeindlich ist.* ***ZEIT:*** *Die Anzahl der in Deutschland angemeldeten Patente geht seit Jahrzehnten zurück.* ***GAUCK:*** *Das ist ein Zeichen. Da zeigt sich diese Scheu vor Wagemut. Warum? Diese Nation ist zweimal sehr geprägt worden durch*

Übermut, unter Wilhelm Zwo und unter Adolf Hitler. ***ZEIT:*** *Und jetzt leidet sie unter Untermut?* ***GAUCK:*** *Dieses Land hat ein Defizit, weil es nicht zu glauben vermag, was es schon geschafft hat: Diese großartige Rechtsstaatlichkeit, das Gros einer rechtstreuen Bevölkerung, der wirtschaftliche Erfolg bei gleichzeitigem Funktionieren eines Sozialstaats, eine wache Zivilgesellschaft. All dieses Gelungene müsste uns dazu führen, Verantwortung weiter zu bejahen und sie auch in neuen Situationen zu wagen. Die Leitkultur der Zurückhaltung war eine Zeit lang gut und richtig. Aber wenn du ihr nicht irgendwann entwächst, verpasst du dein Erwachsenwerden."*

Woher kommen wir?

Ein kurzer **Abriss zur Entwicklungsgeschichte des Menschen** soll eine Antwort darauf geben.

Die moderne Identität des Menschen von heute, die ein genetisches und anatomisches Mosaik aufweist, ist das **Ergebnis von zwei Millionen Jahren Migration**. Daher beschäftigen wir uns in diesem Kapitel zunächst mit der stammesgeschichtlichen Entwicklung des Natur- und Kulturwesens Mensch.

Die Entwicklungsgeschichte der Vormenschen- und Menschenformen (Hominini) begann in Afrika. Dafür waren Veränderungen der natürlichen Umwelt mit ausschlaggebend. Klimaveränderungen, die sich vor neun bis sieben Millionen Jahren ereigneten, führten dazu, dass der tropische Regenwald auf dem afrikanischen Kontinent immer mehr schrumpfte. Es bildeten sich offenere Seen- und Flusslandschaften, die bereits Hominine auf zwei Beinen durchstreiften. Die **Entwicklung des aufrechten Ganges** (Bipedie) erwies sich als sehr vorteilhaft. Vor dreieinhalb bis zwei Millionen Jahren wurde das Klima in Afrika allmählich kühler und trockener, allerdings unterbrochen von wärmeren Phasen. Verschiedene Hominine entwickelten unterschiedliche Anpassungen (Adaptionen) an die jeweiligen Lebensbedingungen. Ihre Lebensräume (Habitate) waren Savannen, Wälder, Waldränder oder Uferzonen. Die Nahrung bestand aus Gräsern, Früchten, Knollen oder Insekten. Die unterschiedlichen Anpassungen der Homininen an die jeweiligen Umweltbedingungen zeigten sich in ihren unterschiedlichen körperlichen Erscheinungsformen.

Je besser ein Individuum körperlich und im Hinblick auf seine Verhaltensweisen an seine Umwelt angepasst war, desto größer waren seine Überlebenschancen. Das Nahrungsangebot wurde effektiver genutzt, so dass sich das Individuum besser ernähren konnte. Gegenüber Feinden und Fortpflanzungskonkurrenten konnte man sich wirksamer behaupten, so dass die Erfolgreichsten meist auch besonders viel Nachwuchs hatten (Fitness-Maximierung). Dadurch konnten sich ihre Erbanlagen (Gene) allmählich durchsetzen.

Die Entwicklungslinie der Gattung Mensch (Homo) begann nach gegenwärtiger Erkenntnis vor 2,5 Millionen Jahren mit der Artenvertretung Homo rudolfensis („Mensch vom Rudolfsee"). Dieser war offensichtlich in der Lage, mit scharfkantigen Abschlägen Kadaver zu zerlegen. Vor 2,3 Millionen Jahren entwickelte sich Homo habilis („fähiger Mensch"). Er besaß nicht nur handwerkliches Geschick, sondern auch das erforderliche Erinnerungsvermögen, um aus zerschlagenen Geröllen scharfkantige „Steinmesser" (Chopper) herzustellen.

Als vermutlich direkter Nachfahr von Homo habilis erschien vor fast 2 Millionen Jahren Homo ergaster („Handwerker-Mensch") in Afrika. Sein handwerkliches Geschick machte es ihm möglich, den Faustkeil als neuartiges „Universalwerkzeug" zu entwickeln.

Homo erectus („aufrechter Mensch") hatte sich vor etwa 1,6 Millionen Jahren aus Gruppen des Homo ergaster entwickelt, die damals von Afrika aus nach Europa und in den Fernen Osten eingewandert waren. Vor mehr als 600.000 Jahren ging in Afrika aus dem Homo ergaster eine neue Art hervor, der Homo heidelbergensis. Diese frühzeitliche Menschenform wanderte von Afrika aus bis nach Europa. Aus ihm hat sich vor 200.000 Jahren der klassische Neanderthaler (Homo sapiens neanderthalensis) entwickelt.

Die in Afrika verbliebene Population des Homo heidelbergensis verbreitete sich über den ganzen afrikanischen Kontinent. Aus ihm hat sich vor 300.000 Jahren der **Homo sapiens sapiens** („besonders verständiger Mensch“, auch „anatomisch moderner Mensch“ genannt) entwickelt. Dieser Menschenform gelang es als Einzige in der Entwicklungsgeschichte der Homininen alle Kontinente der Erde zu besiedeln – allerdings mit zunehmend verheerenden Auswirkungen für den blauen Planeten Erde. Kein anderes Lebewesen auf der Erde greift so zerstörerisch in den Naturhaushalt dieses Planeten ein, der für den Menschen aber seine Lebensgrundlage darstellt. Der moderne Mensch entwickelt sich immer mehr zum **Homo rapiens** („verwüstender Mensch“).

Die Evolution des Gehirns war ausschlaggebend

Die **Vergrößerung des Gehirns** erwies sich in der menschlichen Evolution als ein entscheidender Impuls. Allerdings benötigte dieses universell nützliche Organ auch große Mengen an Nahrungsenergie und eine besondere Durchblutung. Je intelligenter die ursprünglichen Savannenbewohner wurden, desto wirksamer nutzten sie auch weit verstreute Nahrungsressourcen. Durch die **Sprachfähigkeit** entstanden neue Formen des Sozialverhaltens. Biologische Voraussetzungen der Sprachfähigkeit sind eine ausreichende Gehirngröße sowie besondere Ausbildungen von Rachenraum und Kehlkopf. Durch Sprache wurde es möglich, dass das ständig anwachsende Wissen von Generation zu Generation weitergegeben werden konnte. Mit dem Gehirnwachstum nahmen auch weitere

Fähigkeiten der Frühzeitmenschen zu: die Wahrnehmung des Lebensraumes und die Informationsspeicherung. Der **Austausch von Informationen** erwies sich als sehr vorteilhaft für das Zusammenleben in den Sozialverbänden. Mit Hilfe des Gehirns entstand ein kulturelles System der Informationsspeicherung mit einer ungeahnten Ausbaufähigkeit.

Für menschliche Gemeinschaften sind Verwandtengruppen, die über die Kleinfamilie hinausgehen, charakteristisch. Die Gruppengröße dieser kleinsten sozialen Einheiten umfasste bei frühzeitlichen Jägern und Sammlern weltweit durchschnittlich etwa 25 Individuen. Kleingruppen bildeten den **Grundstein der kulturellen Entwicklung** des Menschen.

Durch die Sesshaftwerdung änderte sich das Verhältnis des Menschen zu seiner Umwelt

Nach dem **Ende der letzten Eiszeit** vor 10.000 Jahren setzten Klimaveränderungen ein, die unseren heutigen Bedingungen weitgehend ähnlich sind. Das Klima der Erde erfuhr eine Phase außergewöhnlicher Stabilität. Jagen und Sammeln, die bis dahin über 2 Millionen Jahre hinweg erfolgreiche Lebensform, verlor rasch an Bedeutung. In Verbindung mit der **Sesshaftigkeit** wurde, unter Veränderung natürlicher Lebensbereiche, durch die Domestikation von Pflanzen und Tieren Vorratswirtschaft durch Ackerbau und Viehzucht ermöglicht (**„Neolithische Evolution“).** Regionen, in denen dies stattfand, war der Vordere Orient, Südostasien, Nordchina (Gebiet des Gelben Flusses, Huang He) sowie Mittel- und Südamerika.

Die erwirtschafteten Nahrungsüberschüsse ließen die Bevölkerung schnell anwachsen – ein Prozess, der sich immer mehr beschleunigte. Aus der Jagdgemeinschaft von weitgehend gleich berechtigten Sozialpartnerinnen und Sozialpartnern entwickelte sich **eine hierarchische Gesellschaft**, die Macht nach innen und außen ausübte. Mit zunehmender Bevölkerungsdichte nahmen auch **kriegerische Auseinandersetzungen** zu.

Im Laufe seiner Kulturgeschichte hat der Mensch **fünf Grundtypen von sozialen Systemen** entwickelt, die bis in die jüngste Vergangenheit hinein noch nebeneinander bestanden: gleichberechtigte Jäger- und Sammler-Gruppen, einfache ackerbautreibende Kleingruppen ohne formelle Führerschaft, Häuptlingstümer, Königstümer und Staaten. In den Jäger- und Sammler – Gruppen wechselte die Führerschaft, wobei sie durch persönliche Autorität sowie soziales Geschick entstand. Diese **flexible Hierarchie** ermöglichte schneller auf Veränderungen des Umfeldes zu Gunsten des Sozialverbandes reagieren zu können.

Mit dem **Beginn von Ackerbau und Viehzucht** wurde Führerschaft immer genauer geregelt. Dies hatte zur Folge, dass die Zunahme politischer Macht schließlich in der Herrschaft von Wenigen über die Gemeinschaft mündete. In demokratischen Staaten der Gegenwart unterliegt Führerschaft, wie zu Beginn der Menschwerdung, wieder der Kontrolle durch alle Mitglieder der Gesellschaft.

Bemerkenswert ist, dass der Zoologe und Verhaltensforscher **Hubert Markl** (19389 – 2015) seinerzeit hervorgehoben hatte, dass der Mensch „der nackteste aller Affen“ ist.[12] Der Evolutionsbiologe Charles Darwin (1809 – 1882) erklärte sich das Phänomen des fast völligen Fellverlustes damals als ein Ergebnis sexueller Selektion.

Hubert Markl drückte es folgendermaßen aus: „Wenn Männer die nackteren Frauen und diese die nackteren Männer sexy fanden, dann sollte das rasch zu immer blanckerer Schönheit führen.“[13] Bekanntlich lebten die frühzeitlichen Vorfahren des anatomisch modernen Menschen in Afrika in der offenen Savannenlandschaft. Um damals an das begehrte, proteinreiche Tierfleisch für ihre Ernährung zu gelangen, mussten sie ihre Jagdbeute in der Tageshitze im Dauerlauf hetzen, oder sie versuchten beim Anschleichen an die begehrten, gejagten Tiere diese mit einfachen Waffen zu erlegen.[14]

Egal, welche Jagdstrategie sie angewendet haben, die menschlichen Savannenjäger liefen immer Gefahr, ihre Körper zu überhitzen. Die **thermoregulatorische Wirkung** war nun entscheidend. Denn ein weitgehend unbehaarter Körper gibt leichter Wärme ab. Zudem ist die menschliche Haut mit Schweißdrüsen übersät. Durch das Schwitzen wird der Körper abgekühlt. Der Mensch hat sich im Laufe seiner Evolution zum **Kühlspezialisten** entwickelt.

Für die **verbliebene Kopfbehaarung** gibt es auch eine Erklärung. Sie schützt den Kopf, in dem sich das hitzeempfindliche Gehirn (das hauptsächlich aus Proteinen aufgebaut ist) befindet, vor einer Überhitzung durch die Sonnen-Direkt-Bestrahlung. Denn die Folge wäre eine thermische Denaturierung der Gehirnproteine.

In diesem Zusammenhang ist es doch interessant, der Frage nachzugehen: „Warum gibt es heute noch glatzenköpfige Männer?“. Wichtig ist zu wissen, dass schon in der Frühzeit des Menschen in Afrika der aufrechte Gang eine Reihe von Vorteilen brachte. Zum Beispiel wurde bei Wanderungen in der Savanne überwiegend der Kopf von den Sonnenstrahlen beschienen. Kopfbehaarung war ein wirksamer Schutz gegen die Sonneneinstrahlung.

Es ist einsichtig, dass ***ein Glatzenträger*** *sich nicht als Jäger und Sammler in der Savanne Afrikas eignete. Denn Hitzschlag oder Kreislaufkollaps des Glatzenträgers hätten nur den Sozialverband beeinträchtigt. Deswegen wird ein weitsichtiger Ranghöchster vor einer bevorstehenden Jagd zu dem Glatzenträger gesagt haben: „So lange wir mit dem Jagen und Sammeln beschäftigt sind, wirst du an der Feuerstelle bei den Frauen sitzen bleiben und auf sie aufpassen."*

Während nun die Nahrungs- und Spermienkonkurrenten in die mehrtägige Jagd eingebunden waren, hat sich der Glatzenträger sehr intensiv den Frauen zugewandt und seine genetische Fitness dadurch gesteigert, indem er seine Gene in die nächste Generation an Nachkommen investierte. So hatte er eine hohe Fortpflanzungsrate und das erklärt, warum wir heute noch männliche Glatzenträger haben.

Die Glatze ist demnach ***das Machtsymbol eines Mannes****, der andere für sich arbeiten lässt und bei den Frauen eine hohe Anerkennung genießt. Das gilt natürlich nur für Natur-Glatzenträger.*

In Verbindung mit den frühzeitlichen, menschlichen Sozialverbänden ergeben sich **folgende Fragestellungen:**

(a) Was veranlasste die Frühzeitmenschen, sich in immer größeren Gruppen zusammenzuschließen?
(b) Warum entwickelten sich Sprache und Kultur in den damaligen Sozialverbänden?
(c) Wie entstand im Gehirn unserer frühzeitlichen Vorfahren ein menschliches Bewusstsein?
(d) Welche Bedeutung hatte die Entdeckung der Wirksamkeit des Feuers?

Zu (a): Nach einer These der Wissenschaftler Clive Gamble, John Gowlett und Robin Dunbar war der wichtigste Faktor, der die Entwicklung des menschlichen Gehirns vorangetrieben haben könnte, das Sozialwesen der frühzeitlichen Hominінen, das immer komplexer wurde.[15] Denn, je größer das Gehirn ist, desto größere soziale Gruppen sind möglich. Es wird vermutet, dass frühzeitliche Hominini mit einem kleinen Gehirn in sozialen Gemeinschaften mit etwa 50 Mitgliedern lebten. Dies entspricht einem Sozialverband heutiger Menschenaffen, wie etwa den **Schimpansen** (Pan).

Anatomisch moderne Menschen können hingegen, da sie ein voluminöses, stark entwickeltes Gehirn besitzen, einen Bekanntenkreis von 150 Personen (**„Robin-Dunbar-Zahl“**) überblicken. Wichtiger jedoch als das Größenwachstum des Gehirns ist, nach Erkenntnissen des Neurowissenschaftlers und Nobelpreisträgers von 2000 **Eric Kandel**, die neuronale Vernetzungsstruktur, die das Gehirn erfahren hat.

Die **Vorteile** von großen Sozialgruppen liegen darin, dass man sich besser gegen Feinde verteidigen kann. Außerdem lassen sich durch Kooperationen Notsituationen besser überstehen, und man kann mit den Mitgliedern der Sozialpartnerschaft Wissen und Erfahrungen teilen. Als **Nachteile** von großen Gruppen hingegen erweisen sich, dass das Aufrechterhalten von sozialen Beziehungen ein relativ hohes Zeitinvestment kostet und im Zusammenleben in einem größeren Sozialverband unausweichlich Spannungen auftreten können.

Zu (b): Gerade diese angesprochenen Probleme haben nach Ansicht von Clive Gamble et al. dafür gesorgt, dass sich Sprache und Kultur entwickelten.[16] Mit Hilfe der Sprache (**verbale Kommunikation**) konnten die Frühzeitmenschen mit mehr Gruppenmitgliedern gleichzeitig interagieren als etwa mit Hilfe von Berührungen (**taktile Kommunikation**). Kulturelle Errungenschaften wie Kunst, Musik und Religion halfen den Mitgliedern des Sozialverbandes, Bindungen zu festigen und aufrechtzuerhalten.

Wissenswert

*Unter **Kultur** versteht man die Gesamtheit aller erlernten Verhaltensweisen und deren Produkte (außerkörperliche Strukturen), die von Generation zu Generation weitergegeben werden (Tradition). Eine Kultur wird durch folgende **drei Grundmerkmale** charakterisiert:*

- *Durch erlernte („offene“) Verhaltensweisen*
- *Durch Geräte und andere Artefakte, die die Ergebnisse erlernter Verhaltensweisen sind.*
- *Durch Wertesysteme und Ideen*

*Wie die biologische Evolution, so beruht auch **die kulturelle Evolution** auf Erwerb, Vermehrung und Weitergabe von Informationen. Bei der kulturellen Evolution werden Informationen im Gehirn, in Büchern oder auf Datenträgern gespeichert und als Tradition durch Lernen weitergegeben. Erworben wird **Information durch neue Erfahrung**. Die menschliche Kultur beruht vor allem auf der Fähigkeit zu zielgerichtetem Handeln.*

Handeln: *Ein Verhalten, das bewusste, absichtsvolle Planung voraussetzt und daher vor allem beim Menschen ausgeprägt ist.*

Das Ausgangsmaterial zur Herstellung von Werkzeugen durch die Frühzeitmenschen ist oft nachweisbar über weite Strecken transportiert worden. Das deutet auf eine Kooperation der damaligen Homininen hin. Damit stehen auch Werkzeuge in einem sozialen Kontext.

Nebenbei bemerkt
Aus der Form erhaltener Faustkeile und anderer Steingeräte lässt sich schließen, dass die Produzenten der Werkzeuge von anderen Produzenten lernten und Fertigungstechniken übernommen haben. Dies wäre ein Beispiel für Tradierung.

Definition Werkzeug: *Es ist ein nicht zum Körper gehörendes Objekt, mit dessen Hilfe die Funktionen des eigenen Körpers erweitert werden, um auf diese Weise ein unmittelbares Ziel zu erreichen. Wird das Werkzeug für einen bestimmten Verwendungszweck gezielt modifiziert, bezeichnet man es auch als* ***„Gerät“.*** *Der Mensch ist in diesem Zusammenhang ein Generalist.*

Zu (c): Wie entwickelte sich menschliches Bewusstsein? Unter **Bewusstsein** versteht man im weitesten Sinne das Erleben mentaler („gedanklicher“) Zustände und Prozesse. **Phänomenales Bewusstsein** entsteht beispielsweise im Zusammenspiel mit der selektiven („auswählenden“) Aufmerksamkeit. Nur diejenigen **Informationen im Kurzzeitgedächtnis**, auf welche die Aufmerksamkeit gelenkt wird, werden einem Menschen auch phänomenal („außerordentlich“) bewusst.

Zu (d): Die **Bedeutung des Feuers** für frühzeitliche Homininen lag darin, dass es Licht und Wärme spendete, wodurch die Feuerstätte zur sozialen Begegnungsstätte wurde. Außerdem bot das Feuer Schutz vor wilden Tieren. Mit Hilfe des Feuers konnte das Fleisch der Jagdbeute, auf Grund der thermischen Denaturierung der Fleischproteine, zubereitet werden („frühzeitliches Grillen“). Dadurch musste das Fleisch nicht mehr roh gegessen werden.

Jahrtausende lang lebte der Homo sapiens sapiens relativ friedlich und nachhaltig in seinen natürlichen Umweltbereichen. Nach Erkenntnissen des Archäogenetikers **Johannes Krause**, Direktor am Max-Planck-Institut für evolutionäre Anthropologie in Leipzig, sind einige Genmutationen im Genom („Gesamtheit der Gene") des damaligen Homo sapiens sapiens dafür verantwortlich, dass sich im Verhalten der Frühzeitmenschen „alles veränderte"[17] und diese Vorgänge „sich womöglich vor nicht allzu langer Zeit ereigneten."[18]

Auszug aus dem Interview der SPIEGEL-Journalisten mit Johannes Krause:
„***SPIEGEL:*** *Wann genau?* ***Krause:*** *Genau lässt sich das nicht sagen, aber es ist doch auffällig, dass weltweit verschiedene Menschengruppen, die alle die gleichen Vorfahren hatten, unabhängig voneinander und innerhalb von wenigen tausend Jahren auf die Idee kamen, sesshaft zu werden und Ackerbau und Viehzucht zu betreiben. Die sogenannte neolithische Revolution, die folgenreichste Revolution der Menschheitsgeschichte, ereignete sich also erstaunlicherweise gleich parallel mehrere Male: Erst vor etwa 12.000 Jahren im Nahen Osten, dann einige Zeit später am anderen Ende Asiens, noch etwas später in Amerika, dann in Afrika, und vielleicht gab es auch noch eine eigenständige Revolution in Indien und Neuguinea. Sicher hing das auch mit den klimatischen Bedingungen zusammen, aber das kann nicht der einzige Grund gewesen sein.* ***SPIEGEL:*** *Warum nicht?* ***Krause:*** *Vor etwa 125.000 Jahren, während der sogenannten Eem-Warmzeit, lebten auch schon moderne Menschen in Afrika und im Nahen Osten, und die waren auch nicht dumm. Sie fanden 11.000 Jahre lang ähnliche klimatische Bedingungen wie ihre Nachfahren vor, kamen aber in all dieser Zeit nicht auf die Idee, ihr vergleichsweise gemütliches und stressfreies Leben als Jäger und Sammler zu beenden. Offenbar hatte*

sich die entscheidende Kombination an Genmutationen noch nicht ereignet.“[19]

Zu der Frage, „Woher kommt es, dass das Konkurrieren um Güter, Einfluss und Macht tief im Menschen verwurzelt zu sein scheint?“, äußert der Urgeschichtler **Gerd-Christian Weniger**, dass die Konkurrenz um lebenswichtige Ressourcen wie Nahrung für jeden Organismus einen wesentlichen Aspekt des Überlebens darstellt. Aber er hebt hervor, dass diese Konkurrenz in der Stammesgeschichte des Menschen die längste Zeit keine große Rolle spielte.

Auszug aus dem **Interview mit Prof. Dr. Gerd-Christian Weniger**:[20]
„Erst in den vergangenen 10 000 Jahren lohnte es sich für die Menschen, stärker gegeneinander zu konkurrieren, als sie ihr Jäger- und Sammlerdasein aufgaben, Ackerbau betrieben und sesshaft wurden. ***Was hat das eine mit dem anderen zu tun?*** *Sehr viel. Denn damit änderten sich die Lebensbedingungen grundlegend. Solange wir als Jäger und Sammler herumstreiften, machte es überhaupt keinen Sinn, Jagdbeute und andere Güter anzuhäufen. Denn alles, was nicht direkt verzehrt werden konnte, musste mitgeschleppt werden und behinderte die Gruppe. Erst für sesshafte Menschen wird es interessant, Ressourcen anderer zu okkupieren, auch mit Gewalt. Das ist mit einem hohen Risiko verbunden, dem Risiko, getötet zu werden. Jetzt kann es sich lohnen, dieses Risiko einzugehen, eine benachbarte Gruppe zu überfallen und deren Ernte, Herden oder Frauen zu rauben.“*

Der folgende **Vergleich** des Zeitalters der frühzeitlichen Jäger und Sammler mit dem gegenwärtigen, digitalen Zeitalter erfolgt unter verhaltensbiologischen, sozialen und ökologischen Gesichtspunkten.[21]

Im Zeitalter der Jäger und Sammler / Im digitalen Zeitalter:

- Das Leben der frühzeitlichen Jäger und Sammler spielte sich in einer natürlichen Umwelt ab. / Zunehmende Verstädterung (Urbanisierung); Schaffung multimedialer Computerwelten („Computerlandschaften"); zum Teil kein unmittelbarer Bezug mehr zur natürlichen Umwelt durch Freizeitparks und Unterhaltungselektronik
- Zusammenleben in kleinen und damit überschaubaren Gruppen als Jäger und Sammler. Die soziale Kontrolle erfolgt über persönliche Bekanntschaften und über direkte Bereinigung von Konflikten. Soziales Leben in Form von Familienverbänden. / Große, für den Einzelnen nicht mehr überschaubare Sozialverbände („Mega-Verbände") in Form politischer Verbände („Territorialstaaten"); Tendenz zur Auflösung von Familienverbänden; „Patchfamilies"; Zunahme des Single-Daseins. In den Wohlstandsgesellschaften wohnen die meisten Menschen nebeneinander und nicht mehr miteinander.
- Jäger- und Sammlerverbände wiesen eine charismatische Herrschaft auf. / Heutzutage ist Bürokratie das Gegenteil von Charisma.
- Soziale Intelligenz bei Jägern und Sammlern im Hinblick auf die Entwicklung von Strategien zum gemeinsamen Überleben / Soziale Intelligenz zeigt sich in Krisensituationen. Verstärkte Zunahme des Individualismus in Form egoistischen Verhaltens innerhalb der Großgesellschaften
- Hochentwickelte Fähigkeiten zur Kooperation / Hochentwickelte Fähigkeit zur Kooperation auf technischer Ebene in Krisensituationen und in Situationen, die das nationale Interesse betreffen.
- Fähigkeit, stabile und verlässliche Beziehungen einzugehen / Soziales Leben ist ohne staatliche Institutionen nicht möglich („sozialer Regulations- und Versorgungsstaat").

- Bereitschaft und Fähigkeit zur Beilegung von Konflikten / Konfliktbereitschaft stark ausgebildet; Lösung von persönlichen Problemen mit Hilfe von staatlichen Institutionen; verminderte Bereitschaft zu Kompromissen und zur Konfliktlösung. Verhandlungen zur Konfliktlösung in vielen Fällen nur über Rechtsanwälte
- Frühzeitmenschen mussten sich anstrengen, um ihre Triebe („Bereitschaft zu einem bestimmten Verhalten) zu befriedigen / Die zur Triebbefriedigung erforderlichen Aktivitätspotenziale werden heutzutage in der Regel gar nicht oder zu wenig eingesetzt. Erzeugung von Glücksempfinden ohne persönliche Investition, totale Glücksanforderung in der Gesellschaft.
- Direkte Kommunikation zwischen Sozialpartnern / Computer als Ersatz für Sozialpartner
- Aushandeln von Kompromissen / Bildung von Zweckallianzen
- Austausch und Gegenleistung / Gründung von Kartellen zum gegenseitigen Nutzen
- Wenn-Dann-Abwägungen; Rücksichtsnahme; Absprachen / Egoistische Versuchung wird immer größer, Normen und Kooperationsabmachungen zu brechen
- Ausrichten von Strategien zum Überleben gegenüber wechselnden Umweltbedingungen / Denken ist im politischen Handeln durch Kurzzeitstrategien geprägt, obwohl Langzeitstrategien erforderlich wären für das wirtschaftliche und gesellschaftspolitische Überleben.
- Reziproker Altruismus („Selbstlosigkeit“) im Hinblick auf Handelsbeziehungen / Egoismus, sekundärer Altruismus. In vielen menschlichen Organisationen (Vereine, Verbände, politische Parteien, wissenschaftliche Vereinigungen) findet man ein oligarchisches Verhalten vor (Oligarchie: „Herrschaft von wenigen“), praktiziert wird reziproker Altruismus.

- Hierarchisches Muster ist nie ganz statisch gewesen. Im Hinblick auf die Rangordnung stand eine charismatische und pragmatisch erfolgreiche Persönlichkeit an der Führungsspitze. / Durch formale Regeln beeinflusste Hierarchiemuster (Bürokratien, Militär, strenge betriebliche Organisation, gesetzliche Regelungen); Herausbildung und Umgang mit globalen Hierarchiestrukturen
- Kosten-Nutzen-Relation in der Regel günstig / Kosten-Nutzen-Relation in vielen Bereichen des öffentlichen Lebens außerordentlich ungünstig auf Grund unwirtschaftlichen Denkens und Handelns

Ein weiterer Vergleich soll unser Interesse wecken, nämlich **die soziale Situation für Kinder im heutigen Deutschland und für Kinder in der Steinzeit**, dargestellt an ausgewählten Beispielen:

- **In Deutschland** stellen Kinder mit 16% Anteil an der Bevölkerung eine Randgruppe dar.[22] In der Gruppe **eines steinzeitlichen Sozialverbandes** betrug der Anteil an Kindern im Durchschnitt 40%.
- In drei Viertel der **deutschen Haushalte** leben nur 1 – 2 Personen, 20% der deutschen Kinder leben mit nur einem Elternteil. Als Mitglieder einer Großfamilie fanden **Steinzeitkinder** dort Geborgenheit.
- Stillzeit für den jetztzeitlichen Nachwuchs **in Deutschland** beträgt in der Regel 7 Monate. Die Stillzeit für den **steinzeitlichen Nachwuchs** beträgt in der Regel 3 Jahre. Dies lässt sich auch bei heute noch lebenden indigenen („einheimischen") Völkern beobachten.
- Fett und Zucker werden **von deutschen Kindern** zu häufig konsumiert. Jedes 5. Kind ist übergewichtig. 50% der deutschen Kinder bekommen keine warme Mahlzeit. Die Ernährung

für Steinzeitkinder richtete sich nach den Jahreszeiten. Im Winter war Hunger möglich.

- Kindliche Freizeitbetätigungen **in Deutschland**: Fernsehen, Smartphone-Nutzung, Hausaufgaben, Kontakte zum Freundeskreis, unterstützt durch direkte oder durch indirekte Kommunikation mit Hilfe digitaler Technik. **Steinzeitkinder:** Viel Bewegung im Freien und intensiver Sozialkontakt innerhalb der Großfamilie; eingebunden in die mobile Lebensweise der Jäger und Sammler.

Schon gewusst?

Die anatomisch modernen Menschen, die als Jäger und Sammler aus Afrika kommend vor etwa 40.000 Jahren beginnend über den Balkan und zuvor über den Fernen Orient nach Europa kamen, waren dunkelhäutig und blauäugig gewesen. Diese europäische Urbevölkerung mischte sich später mit Einwanderern aus dem Vorderen Orient, die hellhäutig und braunäugig waren. Noch vor 6.000 Jahren waren die Menschen in Europa dunkelhäutig. Erst im Neolithikum („Jungsteinzeit") hat sich allmählich (auf Grund von Mutationen und als Folge von genetischen Vermischungen) die Hellhäutigkeit herausgebildet.[23]

Wissenswert

Sozialverbände von Jägern und Sammlern („Wildbeutergesellschaften") zeichnen sich unter anderem durch folgende Merkmale aus:[24] Sie bestehen aus kleinen Gruppen mit meist weniger als 100 Individuen, Horden („Männergruppen, die noch keine eigenen geschlechts-gemischten Gruppen gebildet haben.") oder eine größere Anzahl von Jägern („Jagdscharen"). Wildbeutergesellschaften weisen eine fließende oder instabile Gruppenorganisation auf. Die Arbeitsteilung erfolgt nach Geschlecht und Alter. Territorialansprüche sind nicht streng ausgerichtet. Aber es besteht eine Tendenz zur Inbesitznahme ressourcenreicher Gebiete. Kriege zwischen Wildbeutergesellschaften finden nicht statt, aber es können sich Stammesfehden abspielen. Die polytheistische Religion („der Glaube an viele Götter") ist ein weiteres, signifikantes Merkmal der Jäger und Sammler.

Wechseln wir von der **Wildbeutergesellschaft** zum Thema **Patriarchat** („Vaterherrschaft"). Für den niederländischen Anthropologen **Carel van Schaik** ist das Patriarchat „eine Anomalie in der Menschheitsgeschichte". Die Zeitphase, in der Frauen von Männern unterdrückt werden, nehmen nach Ansicht von Carel van Schaik nur ein bis zwei Prozent der gesamten stammesgeschichtlichen Entwicklung des Homo sapiens sapiens ein.[25] In einem Interview, das DER SPIEGEL mit dem niederländischen Anthropologen führte, erklärt Carel van Schaik, warum bald Schluss ist mit der Herrschaft der Männer.[26] Das „Zauberwort" heißt für ihn **Bildung**. Seine Begründung: „[…] mehr Frauen wären an politischen Entscheidungen beteiligt. Ich erwarte, dass das besser sein wird für die Umwelt und das Klima, das soziale Miteinander und, ja, auch die Bekämpfung von Pandemie."[27]

Nebenbei bemerkt

Demographische Entwicklung der Menschheit vom Paläolithikum („Altsteinzeit") bis heute:

- Vor 100.000 Jahren lebten auf einer Fläche, auf der heute fast 7,9 Milliarden Menschen leben, etwa 2 – 3 Millionen Menschen.
- Vor 10.000 Jahren trat das Ende der Eiszeit ein. Mit der Eem-Warmzeit begann die Sesshaftigkeit (unter anderem in Mesopotamien, dem „Zwischenstromland") in Verbindung mit Acker-

bau und Viehzucht. In dieser Zeitphase lebten bis zu 20 Millionen Menschen auf der Erde.

- Vor 2.000 Jahren, es war die Zeit der Hochkulturen, wie zum Beispiel die der Babylonier, der Assyrer, der Hethiter, der Indus-Kultur sowie der Beginn der Antike (griechisch-römisches Altertum), bevölkerten 170 bis 400 Millionen Menschen die Erde.
- Um 1750, dem Maximum der agrikulturellen Phase, lebten etwa 750 Millionen Menschen auf dem Planeten Erde.
- Um 1850, in der Phase der industriellen Revolution (von der Agrar- zur Industriegesellschaft durch Nutzung der Dampfmaschine) befanden sich bereits 1,2 Milliarden Menschen auf der Erde.
- Im Jahr 11900 hatte sich die Weltbevölkerungszahl auf 1,6 Milliarden Menschen erhöht.
- Am 28. Februar 1942 war der Autor dieses Buches der 2.337.062.674ste Erdenbürger auf diesem Planeten.
- Am 25. August 2021 lebten 7,89 Milliarden anatomisch moderne Menschen auf der Erde.

Wenn **die wachsende Weltbevölkerung** mit ihren unverkennbar unbegrenzt steigenden Ansprüchen immer stärker in die Ökosysteme eingreift, **wird die Frage berechtigt sein**: „Hat der anatomisch moderne Mensch unter diesen Bedingungen noch eine Zukunft auf dem Planeten Erde oder droht der Weltgemeinschaft ein Absturz?“

Wer sind wir?

Auch heute noch vertreten weltweit viele Mitmenschen die Ansicht, dass die rezenten („gegenwärtig lebenden") Menschen auf der Erde in „Rassen" eingeteilt werden können. Für den amerikanischen Wissenschaftler **Alan R. Templeton** (Washington University in St. Louis, Missouri) ist diese Annahme „ein reales kulturelles, politisches und ökonomisches Konzept in der Gesellschaft, aber es ist **kein biologisches Konzept**. Doch unglücklicherweise nehmen die Leute fälschlicherweise an, dies sei die Grundlage verschiedener menschlicher Rassen: genetische Unterschiede."[28]

Anhand von DNA-Analysen hat Alan R. Templeton die Evolutionsgeschichte des Menschen in der letzten Million von Jahren zurückverfolgt. Dabei stellte er **zwei Tatsachen** fest:

- Der größte Teil der genetischen Variabilität der Menschen ist zwischen einzelnen Individuen zu finden.
- Es existieren zwar Unterschiede zwischen Populationen (eine Population umfasst gleichartige Lebewesen eines bestimmten Lebensraumes, die miteinander in regelmäßigem Genaustausch stehen), diese sind aber entweder zu gering oder zu unbedeutend, als dass man von biologischen Rassen des Menschen sprechen könnte.

Bei seinen Untersuchungen berücksichtigte Alan R. Templeton nicht die kulturellen Besonderheiten der Menschheit, sondern er bezog sich einzig auf den biologischen Rassebegriff: *Angehörige einer Rasse sind Lebewesen mit ähnlichen, stabilen Genkombinationen, die sich deutlich von den Individuen anderer Rassen unterscheiden, sich mit diesen aber genetisch kreuzen können und dabei fruchtbare Nachkommen erzeugen.*

Von dem Wissenschaftler Alan R. Templeton wurden **drei verschiedene DNA-Typen** analysiert:

- mtDNA, die nur von der Mutter weitergegeben wird;
- Y-chromosomale DNA, die nur Söhne ausschließlich vom Vater erhalten;
- Kern (Nucleus)-DNA, welche beide Eltern an ihr Kind weitergeben.

Nach den Erkenntnissen von Alan R. Templeton sind die Menschen eine der genetisch homogensten Arten, die man kennt. Die Untersuchungsergebnisse von Templeton lassen den Schluss zu, dass es zu allen Zeiten einen regen Austausch von Erbanlagen gegeben hat. Das bedeutet, dass sich die gesamte Menschheit **in einer einzigen stammesgeschichtlichen Linie** entwickelt hat.

Innerhalb der einzigen rezenten menschlichen Unterart (Subspezies) Homo sapiens sapiens gibt es **phänotypische Variationen**. Es handelt sich um sogenannte **geographische Populationen**, die sich **in der Häufigkeit ihrer Allele** (Allel: Alternative Form eines Gens) voneinander unterscheiden. Damit lässt sich feststellen, dass es bei dem anatomisch modernen Menschen **keine Rassen** gibt, dafür **aber viele Kulturen**.

In der **sozialen Evolution** der Homininen haben sich verschiedene Verhaltensmuster entwickelt, die die soziale Bindung innerhalb einer Kleingruppe verstärken. Dazu gehört beispielsweise das gemeinsame Spielen. **Spezifisch menschlich** scheinen Humor und gemeinsames Lachen zu sein, die die Solidarität innerhalb der Gruppe ebenfalls verstärken können und damit einen erheblichen Anpassungsvorteil haben. Stammesgeschichtlich betrachtet ist das Lachen aus dem Keuchen der Affen bei spielerischem Rangeln hervorgegangen. Irgendwann erlangten die Keuchlaute die allgemeine Bedeutung: „Ich fühle mich sehr wohl.“ Bei uns Menschen kann bekanntlich **Lachen** in ein regelrechtes Gelächter ausarten, da wir über eine **variantenreiche Lautsprache** verfügen.

Schon gewusst?
Interessant ist, dass nur 15 Muskeln nötig sind, wenn der Mensch lacht. Frauen lachen übrigens mit 500 Schwingungen pro Sekunde. Männer hingegen lachen nur mit 280 Schwingungen pro Sekunde. Außerdem lachen Frauen öfter als Männer.

Wie ein Witz das Lachen auslöst[29]

Die Gehirnbereiche Scheitellappen und Stirnlappen, die für das Erkennen von Sprache und Sinnzusammenhänge zuständig sind, speichern den Witz. Die einzelnen Teile des Witzes werden miteinander in Beziehung gesetzt und Gehirnbereiche versuchen, die Kernaussage des Witzes zu begreifen. Wenn der Witz verstanden wurde, meldet das Gehirn dies über elektrische Impulse an eine Region im Schläfenlappen, in der ein „Regelkreis der Erheiterung“ in Gang gesetzt wird. Dieses System wiederum aktiviert eine im Stirnlappen befindliche Kontrollregion, die normalerweise den Ausbruch von Gefühlen hemmt. Bei starker Erregung jedoch wird diese Sperre gelockert. Gleichzeitig setzt das mesolimbische System (das limbische System gehört zum stammesgeschichtlich ältesten Teil des Vorderhirns) „Glückshormone“ (Endorphine) frei, wodurch das Gefühl des Vergnügens ausgelöst wird. Der so enthemmte Stirnlappenbereich leitet nun in Form von elektrischen Impulsen an das Stammhirn den Befehl weiter, die Gesichtsmuskulatur zu bewegen: Das Lachen setzt ein, wobei über den Mundbereich Luft nach außen gestoßen wird.

Bemerkenswert

Mensch und Schimpanse sind sehr eng miteinander verwandt. Nur 1,3 Prozent ihrer Erbanlagen sind unterschiedlich. Aber was macht den Menschen dann zum Menschen? Molekulargenetiker konnten nachweisen, dass die Nutzung der Gene ausschlaggebend ist. So konnte belegt werden, dass es viele Gene gibt, die bei Homo sapiens sapiens und bei seinem biologischen Verwandten, dem Schimpansen, zu ganz unterschiedlichen Zeitpunkten und in unterschiedlichen Intensitäten aktiviert werden. Diese sogenannte ***„Gen-Expression“*** *unterscheidet sich besonders im menschlichen Gehirn. Dass ein winziger genetischer Unterschied große Folgen haben kann, zeigt sich beispielsweise am* ***Sprach-Gen****, das der Mensch und der Schimpanse gemeinsam haben: Ein Gen mit der Bezeichnung FOXP2 (Forkhead-Box-Protein P2), das einen Transkriptionsfaktor darstellt. Interessant ist in dem Zusammenhang, dass sich vor etwa 200.000 Jahren beim Homo sapiens sapiens an zwei Stellen die Zusammensetzung in dem Protein änderte, für dessen Herstellung FOXP2 zuständig ist. Dies war auch der Zeitpunkt, an dem der Mensch zu sprechen begann.*[30]

Neben seiner **engen Verwandtschaft zu den Menschenaffen** und seiner **Sprachfähigkeit** lassen sich beispielsweise noch folgende Kriterien anführen, die für den Menschen charakteristisch sind: Der Mensch hat ein Bewusstsein von sich selbst, er kann einsichtig handeln und er ist in der Lage, Probleme abstrakt zu lösen. Neben seinen sozialen und emotionalen Intelligenzen besitzt der Mensch die Fähigkeiten zur **Rücksichtnahme** und zur **Versöhnung**. Aber der Mensch besitzt auch ein Sensorium für **Täuschungsversuche**. Der Mensch ist nicht nur das verhandelnde Wesen, das über Kooperationsfähigkeit und Kompromissbereitschaft verfügt, sondern als „Homo oeconomicus“ ist er von Eigeninteresse und Rationalität geprägt.

Den Affen abgeschaut[31]

Taktische Täuschung beherrscht nicht nur der Trockennasenprimat Mensch, sondern diese Strategie lässt sich **auch bei nichtmenschlichen Primaten** beobachten. Deren eingesetzte Verhaltensweisen sind dabei sehr subtil, wie die folgende Übersicht belegt:

- Verbergen: durch Stillsein, Außer-Sicht-Bringen/Verstecken, Mimen von Desinteresse, Ignorieren;
- Ablenken: durch Lautäußerung, Wegschauen, Drohen, Irreführen, Verwickeln in eine Interaktion;
- Hinlocken: durch Lautäußerung; Hinführen, Verwickeln in eine Interaktion;
- Falschen Eindruck erwecken: durch neutrales Verhalten, Freundlichkeit, Drohen;
- Ablenken auf unbeteiligten Dritten: durch Umlenken einer Drohung;
- Soziale Werkzeugbenutzung: durch Täuschen des als soziales Werkzeug benutzten Individuums, Täuschen des Zielindividuums. Unter einem „sozialen Werkzeug" versteht man ein Individuum, das von einem anderen Individuum dazu benutzt wird, dessen eigene Interessen durchzusetzen;
- Kontern einer Täuschung: durch Verhindern des Erfolgs einer Täuschung, Täuschen eines Täuschenden.

Hierarchisches Verhalten: Was uns mit Affen verbindet

Der **Vorteil von Hierarchien** liegt darin, dass sie den Mitgliedern eines Sozialverbandes die Austragung von Konflikten und damit Energiekosten ersparen. Auch für die schwächeren Individuen ist es

vorteilhaft, die Überlegenheit der anderen Sozialverbandsmitglieder rechtzeitig und verlässlich zu erkennen.
Je höherrangig ein Gruppenmitglied ist, **desto weniger** lässt es sich von niederrangigen Mitgliedern beeinflussen. Andererseits mischt sich der Ranghöhere eher in Angelegenheiten Niederrangiger ein, und umso mehr werden seine Signale beachtet. Dies gilt gleichermaßen für nichtmenschliche Affen und Menschen.
Individuen, die hohes Ansehen genießen, neigen dazu, Schwächere zu unterstützen. In Verbindung mit dem eigenen Aufstieg innerhalb einer Hierarchie unterstützen sie jedoch bei Konflikten andere ranghohe Sozialpartner. Dieses **opportunistische Verhalten** lässt sich sowohl bei Schimpansen als auch bei menschlichen Kindern beobachten. Nach dem Verhaltensbiologen Irenäus Eibl-Eibesfeldt ist das Verhalten der ranghohen und der rangniederen Menschenkinder viel differenzierter als das Rangverhalten nichtmenschlicher Primaten. Es stimmt aber in wesentlichen Grundzügen so weitgehend mit diesen überein, dass in diesem Fall ein gemeinsames stammesgeschichtliches Erbe vermutet werden darf.

Bei Schimpansen grüßen die Rangniederen in unterwürfiger Weise die Ranghöheren, worauf diese meist mit kurzen, „beruhigenden" Gesten antworten. Beobachtet man **das Verhalten von Menschen** etwa im Kindergarten, auf dem Schulhof, bei eher formellen Feiern oder auf Empfängen, so lassen sich vergleichbare Verhaltensweisen feststellen. Die Übereinstimmungen reichen jedoch viel weiter. In natürlicher Umgebung ist das hierarchische Muster innerhalb einer Schimpansen-Gesellschaft nie ganz statisch.

Die **Hierarchie trägt dazu bei**, dass die allgemeine Unsicherheit und Aggressivität innerhalb des Sozialverbandes gesenkt werden, wenn das Hierarchie-Muster über längere Zeit relativ stabil ist.

Dies trifft auch für **menschliche Hierarchie-Muster** zu. Das setzt jedoch voraus, dass sie nicht durch formale Regeln festgelegt sind, wie man beispielsweise in Bürokratien, beim Militär und bei streng betrieblicher Organisation vorfindet.

In vielen menschlichen Organisationen, z. B. Vereinen, Verbänden, politischen Parteien, wissenschaftlichen Vereinigungen, findet man ähnlich wie bei den Pavianen der afrikanischen Savanne an der Spitze des Sozialverbandes **oligarchisches Verhalten**. Die führenden Mitglieder, meist ältere Männchen, streiten sich zwar untereinander, halten aber zusammen, wenn eines von ihnen in seiner Machtposition bedroht ist. Ausgeübt wird in diesem Fall **reziproker Altruismus**.

Auch **bei Schimpansen** wird kollektives Dominanzverhalten praktiziert. Sie schließen Bündnisse (oft auch für längere Zeit), um sich gegen die Machtansprüche gefährlicher Rangniederer zu verteidigen oder um mit Hilfe anderer Sozialpartner einen höheren Rang innerhalb der Hierarchie zu gewinnen, als es ihnen allein möglich wäre.

Je deutlicher und beständiger der Rang von Übergeordneten respektiert wird, desto mehr Spielraum gewinnen die Untergeordneten dadurch in anderer Hinsicht. Dies ist **für nichtmenschliche Primaten**, wie z. B. Makaken und Schimpansen, nachgewiesen worden, trifft aber auch auf menschliche Hierarchiebeziehungen zu. Dieses Phänomen lässt sich damit erklären, dass die Bestätigung seines Ranges dem übergeordneten Individuum mehr Toleranz gegenüber Rangniederen erlaubt.[32]

Wie lassen sich die Begriffe Kooperation und reziproker Altruismus definieren?

Unter **Kooperation** versteht man die Zusammenarbeit von zwei oder mehreren Individuen im Dienst gemeinsamer Interessen. In der Soziobiologie steht Interesse im Wesentlichen gleichbedeutend mit Reproduktionsinteresse, das bedeutet das Bestreben der Replikatoren, d. h. der Gene, möglichst viele Kopien von sich selbst anzufertigen. Ein Faktor, der Kooperation erleichtert, ist **Verwandtschaft**. Wer einem Verwandten hilft und dadurch dessen Fortpflanzungschancen erhöht, sorgt gleichzeitig für die Verbreitung eigener Gene, da Verwandte durch ihre gemeinsame Abstammung auch Träger identischer Genkopien sind. Daher sind Familiengruppen vermutlich der Ursprung sämtlicher sozialer Gruppen.

Unter **reziprokem Altruismus** versteht man altruistisches Verhalten unter nicht verwandten Individuen. Man nimmt an, dass das altruistische Individuum daraus in der Zukunft Nutzen zieht, wenn der Nutznießer seines Handelns sich revanchiert.

Nachgefragt: Über welche Fähigkeiten muss heutzutage ein Ranghöchster verfügen?

Damit ein Sozialverband heutiger politischer Größenordnung auf zukünftige Anforderungen besser reagieren kann, müssen seine ranghöchsten Vertreter zwingend über eine Reihe von Befähigungen verfügen. Dies sind vorrangig: hoher Sachverstand, vorausschauendes Denken, Erklärungskompetenz, Teamfähigkeit und Durchsetzungsvermögen. Es sind übrigens Anforderungen, die auch an Ranghöchste eines frühzeitlichen Sozialverbandes gestellt wurden.

*Ein weiterer Schlüssel zum Erfolg ist der **Führungsschlüssel**. Bei einer Führungskraft geht es keineswegs nur um das Problem der Kontrolle. Kontrollieren ist nicht führen, sondern nur eine Teilfunktion davon. Führen beinhaltet: Informieren, Instruieren, Ziele vereinbaren, Planen, Koordinieren, Kontrollieren und Motivieren. Außerdem zeigt die Erfahrung, dass den Menschen, mit denen man zusammenarbeitet, das Leben nicht unbedingt schwergemacht werden sollte. Dann nämlich bekommt man viel zurück.*

Beschäftigen wir uns noch einmal mit unserem Denkorgan **Gehirn** (lat. cerebrum). In den letzten drei Millionen Jahren verdreifachte sich das Volumen der Gehirnkapsel in der Evolution der Homininen, nämlich von einer den südlichen Affen (Australopithecinen) ähnlichen Größe von etwa 500 cm^3 auf eine heutige Größe von etwa 1230 cm^3 beim Homo sapiens sapiens im weltweiten Durchschnitt.

Eine Übersicht soll dies belegen:

- Gehirn der Australopithecinen (4 – 1 Millionen Jahre BP) (Before Present): 400 – 500 cm^3
- Gehirn Homo habilis (2,3 – 1,5 Millionen Jahre BP): 610 cm^3
- Gehirn Homo erectus/ergaster (1,8 Millionen – 40.000 Jahre BP): 750 – 1250 cm^3
- Gehirn Homo sapiens sapiens (300.000 Jahre BP bis heute): 1200 – 1400 cm^3

Ein **großes Gehirn** stellt einen Evolutionsvorteil dar, denn es macht die **Entwicklung vielfältiger Überlebensstrategien** möglich. So lässt sich beispielsweise ein komplexes Sozialverhalten in Verbindung mit einer Sprache und mit dem Gebrauch von Werkzeug entwickeln.

Übrigens
Das Gehirn hat im Allgemeinen in allen Säugetierlinien mit der Zeit zugenommen, wenn auch mit unterschiedlicher Geschwindigkeit. Es ergab sich ein allgemeiner Selektionsvorteil für Individuen mit einem größeren Gehirn, verbunden mit einer allmählichen Stoffwechsel-Effizienz.

Dieser Frage, nämlich unter welchen Bedingungen sich ein Lebewesen überhaupt ein großes Gehirn leisten kann, ging der britische Zoologe und Anthropologe **Robert D. Martin** (1942 – 2021) nach. **Seine Hypothese lautete**, dass der Nährstoffreichtum bestimmt, wie groß das Gehirn sein kann, welches eine Tierart entwickelt.[33] Es muss hervorgehoben werden, dass das Gehirn ein großer „Energiefresser" ist. Zum Zeitpunkt der Geburt des menschlichen Nachwuchses (ein „passiver Tragling") verbraucht dessen Gehirn allein 60 Prozent der gesamten Stoffwechselenergie des Körpers. Das bedeutet, dass die leibliche Mutter während der Schwangerschaft und bis zur Entwöhnung, das bedeutet während der Stillzeit, für das Gehirn ihres Nachwuchses viel Eiweiß (Protein), Kohlenstoffhydrate und vor allem Phosphorverbindungen bereitstellen muss.

Wissenswert
Phosphorverbindungen sind lebensnotwendig in Form von Phosphaten als integrale Bestandteile von beispielsweise DNA, RNA, Zellmembranen und für die intrazelluläre Energiespeicherung und Energiebereitstellung in Form von ATP.

Im Laufe seiner Stammesgeschichte hatte **der „Allesfresser" Mensch** im Hinblick auf die Energieversorgung offensichtlich so gute Voraussetzungen, dass sein Gehirn enorm wachsen konnte. Allerdings hat **die Größe des weiblichen Beckens** dieser Entwicklung eine natürliche Grenze gesetzt. Denn Babies mit noch größeren Schädeln würden nicht mehr durch den Geburtskanal nach außen gelangen.

Nebenbei bemerkt
Wer befürchtet, durch einen zu kleinen Kopf und damit durch ein kleineres Gehirn benachteiligt zu sein, kann beruhigt werden. Nach Robert D. Martin gibt es innerhalb der Tierart „Mensch" (Homo sapiens) keinen eindeutigen Zusammenhang zwischen Gehirngröße und Intelligenz. Wichtiger als das Größenwachstum ist die neuronale Vernetzungsstruktur, die das Gehirn erfahren hat.

Das Gehirn ist ein Höchstleistungsorgan

Das Gehirn vollbringt beim **Sprechen** Höchstleistungen. In flüssiger Rede werden pro Sekunde 2 bis 3 Wörter gesprochen, die etwa 15 Lautbildungen entsprechen. Auch das **Verstehen** geht ungeheuer schnell. Beim Sprechen und Verstehen werden im Gehirn eine Unmenge von Informationen bewegt, die über neuronale Netzwerke fließen. Durch die Methode der Positronen-Emissions-Tomographie (PET) können die Areale des Gehirns, die beim Sprechen aktiv sind, sichtbar gemacht werden.

Für den **Sprechvorgang** selber gibt es nicht ein spezialisiertes Organ, sondern viele verschiedene Organe, die zusammenwirken und neben dem Sprechen auch noch andere Funktionen erfüllen. Die zentralen **Elemente des Stimmtraktes** sind: Kehlkopf, Stimmbänder, Zunge, Luftröhre, Rachenraum, Zungenbein. Die Lautbildung erfolgt durch den Durchstrom von Luft im Kehlkopf.

Aus der Form des Gaumendaches und aus anderen anatomischen Indizien (neben dem großen Gehirn) lässt sich ablesen, dass bereits **Homo erectus** ein rudimentäres Sprachvermögen hatte. Neben diesen anatomischen Merkmalen, die an fossilen Skelettresten ablesbar sind, kennen wir auch Verhaltensweisen dieser frühzeitlichen Menschenform (soziales Gruppenverhalten, Jagen, Werkzeugherstellung), die auf seine **Sprachfähigkeit** schließen lassen.

Durch die Sprachfähigkeit konnte der Mensch seine Gedanken länger im Bewusstsein behalten und sie grammatisch strukturieren. Schon die frühzeitlichen Menschen werden lebenswichtige Informationen über Nahrung oder Gefahren ohne großen Aufwand mit Hilfe einfacher Begriffe und durch Zeigen auf charakteristische Beispiele ausgetauscht haben. **Komplexere Sprachfähigkeiten** wurden in der Evolution vermutlich selektiert, weil die verbale Kontaktpflege Vorteile für das Überleben brachte, nicht zuletzt durch Klatsch und Tratsch („Grooming Talk“).

Aus der Ähnlichkeit von Wortschatz und Grammatik der Sprachen, aber auch aus der genetischen Verwandtschaft der Sprecher lassen sich **Sprachen-Stammbäume** und gemeinsame ursprüngliche Wörter erschließen. Die Zugehörigkeit vieler Sprachen zu Sprachfamilien beruht nicht auf Eroberungen, sondern auf der Ausbreitung der Landwirtschaft. Dies gilt auch für die **indoeuropäische Sprachfamilie**, zu der das Deutsche zählt. Von den heute noch rund 6.000 Sprachen weltweit sind ein Drittel vom Aussterben bedroht.

Phänomen Grooming Talk

Der Treppenhausklatsch ist zu Unrecht verrufen. Auch das weit verbreitete Interesse am Privatleben von Prominenten ist nicht unbedingt auf niedere Instinkte zurückzuführen. Beides hat evolu-

tionsbiologisch betrachtet einen hohen Wert. Die höheren Primaten, wozu ja nun auch der Mensch zählt, unterscheiden sich unter anderem durch eine auffallend große Endhirnrinde, den sogenannten Cortex cerebri. Interessant dabei ist, dass die Cortex-Größe bei den einzelnen Arten mit der Anzahl der Tiere in den sozialen Verbänden korreliert. Vermutlich bieten größere Sozialverbände in einem offenen Gelände einen besseren Schutz vor Raubfeinden. Die größten nichtmenschlichen Primatenverbände bilden Paviane und Schimpansen mit durchschnittlich etwa 55 Tieren. Extrapoliert man das gefundene Verhältnis auf den Menschen mit dem für seine Körpergröße riesigen Gehirn, dann würde seine optimale Gruppengröße ungefähr 150 Individuen betragen. Die Zahl 150 ist übrigens auch in verschiedenen Strukturen unserer modernen Gesellschaft ausgeprägt, z. B. die Stärke einer Einheit beim Militär, die sich ohne Unterkommando führen lässt, oder die Personalstärke von Unternehmen, die noch ohne gestaffelte Hierarchie zu leiten ist.

Affen verfügen über ein besonders wirksames Mittel, soziale Bindungen zu festigen und Spannungen abzubauen: das sogenannte Lausen (Grooming). Erfahrungsgemäß verbringen die höherentwickelten Affen lange Zeitphasen mit gegenseitiger Fellpflege. Schimpansen, die von allen nichtmenschlichen Primaten die komplexesten sozialen Bindungen haben, lausen sich oft mehrere Stunden am Tag, maximal 20% des Tages. Danach müssten die Menschen wenigstens fünf oder sechs Stunden täglich mit gegenseitigem Tätscheln zubringen.

***Die Lösung zur Festigung sozialer Bindungen** war für den Menschen nach Ansicht des Wissenschaftlers **Robin Dunbar** die **Erfindung der Sprache**.*[34] Denn eine Unterhaltung kann in sozialer Hinsicht effektiver sein, als wenn man nur lausend zusammensitzt. Die

Unterhaltung erlaubt noch andere Tätigkeiten nebenher. Außerdem kann man in ein Gespräch mehrere Personen einbeziehen und auch über Abwesende reden. Damit lassen sich außer den direkten Kontakten auch indirekte Kontakte pflegen.

Plaudern und Schwatzen sind also viel zeitökonomischer und werden auch komplizierten, weitverzweigten sozialen Verflechtungen gerecht. Der Begriff **„Treppenhausklatsch“** sollte besser durch den Begriff „Grooming Talk“ ersetzt werden.

Das Gedächtnis des Menschen

Die von den Sinneszellen aufgenommenen Informationen werden in Form elektrischer Impulse an das sensorische Gedächtnis weitergeleitet. Weil Informationen auf dieser Stufe nur Bruchteile von Sekunden (0,5 bis 1 sec) gespeichert werden, spricht man auch von dem **Ultrakurzzeitgedächtnis**. In diesem zeitlichen Bereich werden die eingehenden Informationen unbewusst auf ihre Bedeutsamkeit hin überprüft.

Bei der Übertragung in das **Kurzzeitgedächtnis** (Arbeitsgedächtnis) gehen unbedeutende Informationen verloren. Die Auswahl der Informationen ist dabei individuell unterschiedlich. Bei einer Speicherdauer von 10 bis 20 Sekunden hat das Kurzzeitgedächtnis eine vergleichsweise geringe Kapazität. Die Prozesse im Kurzzeitgedächtnis, z. B. in Verbindung mit dem Treffen von Entscheidungen, bestimmen Denkoperationen oder komplizierte motorische Abläufe, die mit Bewusstsein verbunden sind. Die in das **Langzeitgedächtnis** übertragenen Informationen werden in Form von Eiweißverbindungen (Proteinen) als **Gedächtnisspuren** (Engramme) jahrelang abgespeichert.

Das Gedächtnis des Menschen setzt sich aus vier **Typen von Erinnerung** zusammen, die in verschiedenen Regionen des Gehirns archiviert sind:

- Das **semantische Gedächtnis** speichert Faktenwissen, d. h. alle Daten und Fakten, die der Mensch bewusst gelernt hat.
- Das **episodische Gedächtnis** speichert persönlich erlebte Ereignisse.
- Das **prozedurale Gedächtnis** speichert Fertigkeiten und Verhaltensroutinen, die der Mensch ohne zu überlegen abrufen kann.
- **Priming**: Unbewusst wahrgenommene Zusammenhänge

Für die langfristige Speicherung von Sinnesreizen spielt das **limbische System** (es gehört zum stammesgeschichtlich ältesten Teil des Vorderhirns) eine Schlüsselrolle. In dieser Schaltzentrale entscheiden Hippocampus und Amygdala („Mandelkern"), welche Inhalte in das **episodische Gedächtnis** gelangen.

Wissenswert

Unter **Denken** versteht man einen Teilbereich des menschlichen Bewusstseins, der als dessen höchste Leistung angesehen wird. Denken steht in einer engen Beziehung zur Sprache. Das Entstehen des typisch menschlichen Denkens erdorderte stammesgeschichtlich eine Reihe von Präadaptionen („Voranpassungen"). Als notwendige Voraussetzungen des Denkens kommen in Frage: Neugierverhalten, eine der Wirklichkeit entsprechende Abbildung des Raumes im Gehirn, Imitation („Nachahmung"), Abstraktionsvermögen, zwischen Handeln und Denken bestehende Wechselbeziehungen und die Ausbildung der Greifhand.

Das Denken besteht aus gesetzmäßigen Vorgängen und aus Zufallsprozessen in den Erregungsmustern des Gehirns. Beim Menschen sind viele Denkvorgänge, auch abstrakter Art, auf Probehandlungen im vorgestellten Raum zurückzuführen. Unbewusste Teile der Denkstrukturen, die Menschen durch Lernen oder Prägung meist früh im Leben erworben haben, sind die Grundlage von Überzeugungen, Gesinnungen und Einstellungen.

Das sollte man wissen

*Intelligenzleistung und Sozialverhalten sind ein wirkungsvolles Zusammenspiel. Wie lässt sich das erklären? Durch den aufrechten Gang wurde der Gebrauch der Hände ermöglicht. Dies wiederum förderte einerseits die Entwicklung des Werkzeuggebrauchs, andererseits aber auch die Höherentwicklung des Sozialverhaltens. Beide Verhaltensmuster förderten die Entwicklung größerer Gehirne, wodurch diese noch leistungsfähiger wurden. Dies hatte umgekehrt positive Auswirkungen auf den Werkzeuggebrauch und auf das Sozialverhalten (**Rückkopplungsprozess**).*

*Durch die **Zunahme der Gehirngröße** war es möglich, dass sich menschliche Gesellschaftsformen mit einer geordneten und komplizierten Sozialstruktur entwickelten. Unter solchen Bedingungen konnte eine **Arbeitsteilung** (Jagen und Sammeln) praktiziert werden.*

*Die Weiterentwicklung von **Kooperation** und Arbeitsteilung sowie die Entwicklung einer **abstrakten Wortsprache** waren die Voraussetzung dafür, dass der Mensch Großtiere jagen konnte. Der **Sprache** kam noch eine weitere Bedeutung zu: Sie war die Voraussetzung dafür, dass sich die **menschliche Kultur** so entwickeln konnte, wie sie heute erlebt wird.*

Neben der **verbalen Kommunikationsform** Sprache spielt beim Menschen auch die **nonverbale Kommunikation** in Form der

Körpersprache eine bedeutende Rolle im Sozialleben des Menschen, z. B. in Form der Mimik, in Form des Blickverhaltens (die sogenannte „Augensprache"), durch Körperkontakt und mit Hilfe von Gestik.
Die US-amerikanische Entwicklungspsychologin **Susan J. Goldin-Meadow**, die wissenschaftlich an der University of Chicago tätig ist, konnte nachweisen, dass Menschen immer gleich gestikulieren, wenn sie Sachverhalte ohne Worte zu beschreiben versuchen. Unabhängig von der jeweiligen Muttersprache wählen die Menschen dabei eine **Subjekt-Objekt-Verb-Folge**. Diese nonverbale Grammatik unterscheidet sich von der verbalen Grammatik, die in den am meisten verbreiteten Sprachen auf der Erde einer **Subjekt-Verb-Objekt-Regel** folgen.[35]

Weitere **Kommunikationsformen** sind:

- **Olfaktorische Kommunikation:** Sie dient der innerartlichen Verständigung, vor allem im Hinblick auf die Steuerung von Sympathie und Antipathie sowie erotisch-sexueller Attraktion.
- **Taktile Kommunikation:** Sie bewirkt Nähe, Vertrauen, Beruhigung
- **Visuell kommunizierte Signale:** Sie beziehen sich auf Emotionen, Stimmungen und Motivationen

Wenden wir uns jetzt einem aktuellen Thema zu, nämlich die auch heute noch wirksame **Steinzeitpsyche des anatomisch modernen Menschen.** Dies zeigt sich daran, dass unser Denken und Handeln heutzutage immer noch geprägt ist von den Lebensbedingungen der Steinzeit. Wir leben zwar im Zeitalter von Computertechnik und Cyberspace, doch wir denken und fühlen noch immer mit einer „Steinzeit-Psyche". Erkenntnisse der **Soziobiologen** und Verhaltensbiologen, in diesem Fall **Humanethologen**, führen uns vor Augen, wie gegenwärtig und wirksam die in Hunderttausenden von Jahren erworbenen intellektuellen und sozialen Fähigkeiten des Menschen heute noch sind.

Nicht im Überlisten, Verdrängen oder Vernichten von Konkurrenten bestand der evolutionäre Fortschritt unserer frühzeitlichen Vorfahren, sondern in der Fähigkeit, stabile und verlässliche Beziehungen einzugehen, sich aufeinander verlassen zu können, Arbeitsteilung zu praktizieren und auf faire Austauschbeziehungen zu vertrauen. „Survival oft he Fittest" bedeutet in dieser Hinsicht, dass die kooperativsten und sozialsten Gruppen überlebten und sich, in Verbindung mit einer optimalen Fortpflanzungsstrategie, erfolgreich weiterentwickelten. Dies ist ein Phänomen, das heute noch Gültigkeit hat.

Eine Erscheinungsform, die sich aus unserer Stammesgeschichte erklären lässt, ist die **Fremdenscheu** (Xenophobie). Sie ist tief in uns verwurzelt. Der **Ethnozentrismus** (die Überhöhung des eigenen Volkes und damit der eigenen Kultur) findet sich, wenn auch mit unterschiedlicher Intensität, praktisch bei allen Gesellschaften. Xenophobie und ebenso **militante Territorialität** gehören zu den Grundmustern menschlichen Verhaltens.

Im konkreten Fall des Problems der Fremdenscheu darf nicht übersehen werden, dass für alle menschlichen Gesellschaften weltweit ein **Wir-Gefühl** charakteristisch ist. Dies vermittelt dem Einzelnen **Identität** mit der Gruppe, der er angehört. Dieses Wir-Gefühl schließt jedoch automatisch die Diskriminierung aller Mitmenschen ein, die andersartig sind. Diese Diskriminierung muss nicht gleich Hass und Feindschaft bedeuten, kann sich aber (z. B. bei Ressourcenknappheit) dazu steigern.

Das unterscheidet den Menschen in der heutigen Massengesellschaft und im digitalen Zeitalter **nicht** von Jägern und Sammlern der Steinzeit. Die Universalität von Wir-Gefühl und Diskriminierung legt nahe, dass damit stammesgeschichtlich (phylogenetisch) alte, vererbte Neigungen vorliegen.

Ein Phänomen, das uns in Großgesellschaften besondere Schwierigkeiten bereitet, ist der **Nepotismus** („Vetternwirtschaft“). Überall besteht die Tendenz, durch nepotistisches Verhalten Politik und Wirtschaft in besonderem Maße zu beeinflussen. Um persönliche Vorteile erzielen zu können, muss man auf Verwandte und Freunde zählen können. Wenn dazu noch mehrere von ihnen auf verschiedenen möglichst einflussreichen Posten sitzen, ist das von noch größerem Vorteil. Das **„Prinzip der vernetzten Beziehungen“** war schon in der Frühzeit vorteilhaft und ist heutzutage für Angehörige von Kleingruppen selbstverständlich.

Der italienische Schriftsteller **Niccolò Machiavelli** (1469 – 1527) beschrieb zu Beginn der Neuzeit ungeschminkt das Verhalten von Politikern und Staatsmännern, deren einziges Ziel er in der Erringung und Erhaltung von Macht sah. Nach Ansicht von Machiavelli besteht die **politische Praxis** darin, alle Mittel und Methoden ohne moralische Skrupel anzuwenden, wie etwa Verrat, Sabotage, Bestechung, Intrige, Vertragsbruch und Täuschung.

Wissenswert

*Unter **Machiavellismus** verseht man eine skrupellose Politik, die ihre Ziele mit allen möglichen, auch moralisch verwerflichen, Mitteln zu erreichen anstrebt. **Machiavellische Intelligenz** bezeichnet die Fähigkeit von tierlichen Lebewesen, andere zu täuschen beziehungsweise zu manipulieren.*

Auf Grund seiner **Steinzeitpsyche** ist auch der heutige anatomisch moderne Mensch **neuen Gesellschaftsformen** und der **Verstädterung** („Urbanisierung") seiner Umwelt gegenüber nicht unbegrenzt anpassungsfähig. Lebensbereiche, die nicht seiner **biologischen Disposition** („genetischen Veranlagung") entsprechen, sondern willkürlich gestaltet sind, können sich für jeden Menschen nachteilig auswirken. Bei gegenwärtig 7,9 Milliarden Menschen auf der Erde (Stand 2022) kann das jeden Tag auf jedem Kontinent der Erde beobachtet werden.

So lässt sich beispielsweise aus dem 20. und aus dem 21. Jahrhundert dokumentieren, dass Unternehmungen mit nachhaltigen und zum großen Teil katastrophalen Auswirkungen unternommen worden sind, das menschliche Bewusstsein und menschliches Verhalten durch Anordnungen dahingehend zu prägen, wie sich die Menschen zu verhalten haben (beispielsweise durch **Behaviorismus**, „Bildungs"-Reformbestrebungen**, politisch-ideologisch ausgerichtete Sozialisationsformen**, durch Digitalisierung aufgezwungene Lebensführung).

Wie schon hervorgehoben, ist der anatomisch moderne Mensch, von seiner Stammesgeschichte her, genetisch auf ein Leben in **Kleingruppen** „programmiert" worden. Die anonymen **Großgesellschaften**, die sich weltweit immer stärker entwickeln, bereiten dem Homo sapiens sapiens zunehmend immer mehr Schwierigkeiten. Zumal das Verhalten des Menschen, von seiner Veranlagung her, durch einen Konflikt zwischen **Verhaltensweisen freundlicher Zuwendung sowie Aufgeschlossenheit** und **ängstlicher, ablehnender Haltung gegenüber dem Unbekannten** gekennzeichnet ist. Die Entwicklung zu einer **„Mißtrauensgesellschaft"** (nach Irenäus Eibl-Eibesfeldt) lässt jedoch Situationen entstehen, in denen die natürliche Veranlagung wie Fremdenscheu leicht in aggressiven Fremdenhass umschlagen kann.[36] Deshalb ist die **Wunschvorstellung** von einer **„multikulturellen Immigrationsgesellschaft“** sehr kritisch zu sehen. Denn statt zu einer **Integration** von Migranten in eine, zeitlich betrachtet, bereits schon lange bestehende, von historisch sich entwickelten Kulturformen geprägte Gesellschaft, kann es leicht zu **Konfrontationen** kommen.

Was zählt zu den weiteren **Besonderheiten von uns Menschen**? An einigen ausgewählten Beispielen soll dies erläutert werden. Die Individualentwicklung (**Ontogenese**) des anatomisch modernen Menschen ist gekennzeichnet durch eine frühzeitige Geburt des menschlichen Säuglings, der dadurch zum **Nesthocker** und **passiven Tragling** wird. Als **Säugling** weist er neben dem Klammerreflex (ein Verhaltensrudiment) die **lebensnotwendigen** Such-, Saug- und Schluckreflexe auf. Mit Beginn des **zweiten Lebensmonates** lernt der Säugling seine Bezugsperson bewusst kennen. Zwischen dem sechsten und zehnten Lebensmonat liegt für ihn die **sensible Phase**, in der er ein prägungsähnliches Lernen erfahren kann. Im Alter zwischen sechs und acht Monaten seiner Individualentwicklung äußert der Säugling das sogenannte **Fremdeln**. Es zeigt sich daran, dass der Säugling damit beginnt, fremden Personen mit starkem Misstrauen, Abneigung oder Angst zu begegnen. **Weinen** eines Menschen stellt eine **multifunktionale Verhaltensweise** dar. Der Säuglingsphase schließen sich eine verlängerte Jugendzeit (**Juvenilität**) und eine lange Lebensphase nach der Fruchtbarkeit (**Fertilität**) an.

Merkmale für das **spezifisch Menschliche** sind weiterhin:

- Die Form des dauerhaft aufrechten Ganges mit zwei **Standfüßen** und zwei freier **Greifhände**, die jeweils über einen **opponierbaren Daumen** verfügen.

- Das **Gesicht** ist gekennzeichnet durch Augenbrauen, Nase und nach vorn ausgerichteten Augen. Ebenso ist das Kinn nach vorne ausgerichtet.
- Das große **Gehirn** besitzt Einrichtungen zu dessen Kühlung. Auf Grund der neuronalen Vernetzung ermöglicht das Gehirn dem Gehirnträger abstrakt zu denken, was eine hohe geistige Leistungsfähigkeit bedeutet.
- Der menschliche Körperbau weist **keine extreme Spezialisierung** auf.
- Der Mensch weist das **Todesbewusstsein** auf und zeigt, in unterschiedlichen Ausdrucksformen, **Religiösität**.
- Der Mensch ist in der Lage, eine symbolvermittelte, traditionelle Überlieferung von Kultur zu entwickeln und er lebt in Sozialverbänden, deren Mitglieder an soziale Regeln gebunden sind.

Menschen besitzen eine große **Anpassungsfähigkeit** (Adaptation) im Hinblick auf eine hohe Flexibilität in der **Ernährungsweise** und im Hinblick darauf, dass der Mensch **unterschiedliche Klimazonen** und **Wohngebiete** (Habitate) besiedeln kann. Durch **Lernvorgänge** kann sich der Mensch an die jeweiligen Bedingungen seiner natürlichen Umwelt gegenüber anpassen. Er kann **aber auch** durch Lernvorgänge die natürliche Umwelt verändern beziehungsweise die natürliche Umwelt völlig zerstören.

Das sollte man wissen

Ethnologen (Völkerkundler) fassen mit dem Begriff ***Ethnie*** *(ethnos, gr. Volk, Volkszugehörige) Populationen von Menschen zusammen, die Herkunftssagen, Geschichte, Kultur, die Verbindung zu einem spezifischen Territorium und ein Gefühl der Solidarität miteinander teilen.*

Ethnische Gruppierungen *definieren sich entweder aus der gemeinsamen Vergangenheit oder durch eine gemeinsame Zukunftsperspektive. Die* ***Gemeinsamkeit*** *zeigt sich in Tradition, Sprache, Religion, Kleidung oder Lebensmitteln.*

Warum eigentlich ist der Trockennasenprimat Mensch im Gegensatz zu seinen biologischen Verwandten Schimpanse, Bonobo (Zwergschimpanse), Gorilla und Orang-Utan an sportlichen **Wettkämpfen** interessiert? Warum will der Mensch immer wieder durch sportliches **Konkurrenzverhalten** Vertreter seiner Unterart Homo sapiens sapiens sportlich besiegen oder die mit einer Begeisterung siegen zu sehen, die **zur eigenen sozialen Gruppe** gehören?

Der Zoologe, Evolutionsbiologe und Ökologe **Josef H. Reichholf** hat dazu eine **Hypothese** entwickelt, deren **Kernaussage** lautet: Der typisch menschliche Trieb, in einem Wettkampf Erster werden zu wollen, entspringt einer archaischen, einige Millionen Jahre alten Erbschaft der Homininenevolution.[37] Reichholf begründet die Entwicklung dieses Triebes damit, dass die Vormenschenform **Australopithecus** („südlicher Affe“), der älteste aufrecht gehende Vorfahre des Menschen, dazu übergegangen war, sich von tierlichem Aas zu ernähren. Aber in welchem Zusammenhang stehen Aasfresserei und sportlicher Wettkampf? Das Schlüsselwort für Josef H. Reichholf lautet „**Schnelligkeit**“. Denn für die frühzeitlichen Australopithecinen wurde es lebensnotwendig, so schnell wie möglich an frischen Tierkadaver in der offenen Savannenlandschaft zu gelangen, bevor der Tierkadaver Beute von Raubtieren wurde.

Für die schnellsten und ausdauerndsten Läufer innerhalb des Sozialverbandes der Australopithecinen ergaben sich die besten Chancen, an reiche Beute zu gelangen. Dadurch konnten sie nicht nur ihre Weibchen und den Nachwuchs im Sozialverband ernähren, sondern die erfolgreichen Jäger fanden auch eine hohe Akzeptanz bei den fortpflanzungswilligen Weibchen, wodurch die hoch anerkannten Jäger ihre **direkte Fitness** (gleichbedeutend mit „Fortpflanzungserfolg“) steigern konnten.[38] Die Gene der laufstarken Australopithecinen-Männchen wurden somit in die nächste Generation investiert.

Die erfolgreichsten Kadaverjäger hatten erfahrungsgemäß häufig **Beute-Überschüsse**, so dass auch andere männliche Mitglieder ihrer Sozialgruppe daran teilhaben konnten. Diese **Freizügigkeit** hatte sich langfristig ausgezahlt. Nicht nur, dass die schnellsten Jäger Unterstützung bei der **Beutefindung** fanden, sondern es brachte ihnen die Anerkennung der gesamten Sozialgruppe und das Zugeständnis elementarer Rechte ein.

Bemerkenswert

Werfen wir einen Blick auf das läuferische Potential heutiger Vertreter des anatomisch modernen Menschen. Die genetische Überlegenheit dunkelhäutiger afrikanischer Läufer ist wissenschaftlich entschlüsselt worden. Während der Durchschnittsmensch schnell arbeitende und langsam arbeitende Muskelfasern im Verhältnis 50:50 hat, ist bei den ***dunkelhäutigen Menschen an der Küste Westafrikas*** *der Anteil der schnell arbeitenden Fasern weit höher. In extremen Fällen beträgt er sogar über 90 Prozent. Die schnellen Fasern ziehen sich schnell zusammen und erschlaffen auch schnell wieder. Bei allen sportlichen Tätigkeiten, die mit Schnelligkeit zu tun haben, wie etwa Sprinten, Stoßen, Springen, Werfen, ermöglichen die schnell arbeitenden Fasern große Leistungen.*

Die langsam arbeitenden Fasern (langsames Zusammenziehen und Erschlaffen) der Westafrikaner oder deren Nachkommen in anderen Teilen der Erde eignen sich für Ausdauerleistungen, wobei die Trennlinie jenseits der 400-Meter-Marke liegt. Historisch betrachtet stammen die dunkelhäutigen Sprinter und „Schnellkraftler" in den USA, in Kanada und auf den Westindischen Inseln von Westafrikanern ab, die einst von Engländern, Franzosen und Spaniern als Sklaven nach Amerika gebracht worden sind.

Bei den ***dunkelhäutigen Menschen in Ostafrika*** *stellt man genau das Gegenteil fest. Sie sind deshalb prädestiniert für Ausdauerleistungen. Die Leistungsdifferenzen lassen sich jedoch nicht allein auf genetische Faktoren zurückführen. Frühzeitiger Trainingsbeginn etwa, der nach wissenschaftlichen Gesichtspunkten wie Höhentraining und optimal leistungsfördernde Ernährung aufgebaut ist, spielt eine wesentliche Rolle.*[39]

Die Bedeutung des menschlichen Gesäßes

Die Primaten, die ja auch den Menschen miteinschließen, umfassen mehr als 500 Arten. Sie werden in zwei Unterordnungen eingeteilt, nämlich in die der **Trockennasenprimaten** (Haplorrhini) und in die der **Feuchtnasenprimaten** (Strepsirrhini). Von allen Primaten ist der Mensch, ein Trockennasenprimat, der Einzige, der dauerhaft aufrechtgeht und zwei runde **Gesäßbacken** („Pobacken") besitzt. Außer der aufrechten Körperhaltung ermöglicht das Gesäß auf Grund seiner Fettpolster auch längeres Sitzen. Das Gesäß stellt nach dem Bauch das größte Fettdepot dar. Die Form und Größe der Gesäßbacken werden weitgehend von der Masse des unter der Haut befindlichen (subkutanen) Fetts bestimmt.

Es ist anzunehmen, dass im Verlauf der Humanevolution Frauen, bei denen sich mutationsbedingt weit ausgreifende Hinterteile entwickelt hatten, für die Fortpflanzungsstrategie von männlichen Mitgliedern des Sozialverbandes bevorzugt wurden. Nebenbei bemerkt: Für den Nachwuchs standen während der Schwangerschafts- und Stillphase hinreichend Nährstoffe zur Verfügung. Es ist bekannt, dass bei indigenen Völkern die Stillphase oft sehr lang ist.

Auch heute noch spricht ein Mann nicht nur auf weibliche Brüste, sondern auch auf das weibliche Gesäß an. Beide Erscheinungsformen des weiblichen Körpers sind für den Mann **sexuelle Schlüsselreize**, die bei ihm **sexuelle Verhaltenstendenzen** (Sexualverhalten) auslösen.

Schon gewusst?

Nach welchen Kriterien wählen in der Regel Frauen ihre Partner aus?

Unter dem Gesichtspunkt, dem Nachwuchs bestmögliche Chancen zu geben, wählen Frauen ihre Partner nach verschiedenen Kriterien aus, die auf der Grundlage von ***Kosten-Nutzen-Abschätzungen*** *beruhen.*[40]

1. *Kann der Partner investieren? (Geld als wichtige Ressource)*
2. *Möchte der Partner investieren? (Bereitschaft des Partners, sein Einkommen und sein Vermögen mit der Partnerin zu teilen und in den Nachwuchs zu investieren.)*
3. *Ist der Partner in der Lage, Frau und Kinder zu beschützen? (Mut und athletische Fähigkeiten werden als positiv betrachtet.)*
4. *Wird der Partner als Vater gut mit den Kindern umgehen kön-*

nen? (Beurteilung anhand von Eigenschaften wie Zuverlässigkeit, Freundlichkeit, emotionale Stabilität)

5. *Ist der Partner gesund? (An der Gesundheit des Partners lässt sich seine Lebensdauer und Leistungsfähigkeit abschätzen.)*

Interessant ist es, auch über die folgenden Fragen, die **Partnerschaften** betreffen, nachzudenken:

Inwiefern unterscheiden sich Mann und Frau im Hinblick auf die Höhe der Investition in Nachkommen?

*Bei der Höhe der Investition in Nachkommen gibt es zwischen Mann und Frau deutliche Unterschiede. Während ein **Mann** praktisch unbegrenzt Nachkommen zeugen kann, investiert die **Frau** mit der Schwangerschaft wesentlich mehr. Aus **spieltheoretischer Sicht** ist es für den Mann sinnvoll, auf Quantität zu achten. Für die Frau hingegen spielt die Qualität die größere Rolle. Vieles deutet darauf hin, dass bei unseren frühzeitlichen Vorfahren monogame Beziehungen wenig verbreitet waren. Auch bei unseren engsten biologischen Verwandten, den **Schimpansen**, lässt sich beobachten, dass ein sexueller Zugang zu den Weibchen vom Rang des Männchens abhängt.*

***Anmerkung:** Die **Spieltheorie** ist eine Theorie, die sich im Wesentlichen mit den Strategien befasst, die zwei oder mehrere Individuen einschlagen, von denen jedes Individuum **seinen Gewinn** haben und **seinen Verlust** niedrig halten möchte.*

Welche kognitiven Fähigkeiten sind erforderlich, damit höhere kooperative Allianzen entstehen können?

*Nach Leda Cosmides und John Tooby sind **fünf verschiedene kognitive Fähigkeiten** erforderlich:*[41]

1. *Die Fähigkeit, verschiedene Artgenossen zu erkennen und zu unterscheiden.*
2. *Die Fähigkeit, sich an vergangene Interaktionen zu erinnern, damit man weiß, wem man was schuldig ist bzw. wer ein Betrüger und wer ein Verlässlicher Freund ist.*
3. *Die Fähigkeit, den anderen mitzuteilen, was man braucht.*
4. *Die Fähigkeit, zu verstehen, was die anderen brauchen.*
5. *Die Fähigkeit, einen Maßstab für Kosten und Nutzen zu entwickeln, um die gegenseitigen Gefallen gegeneinander aufrechnen zu können.*

Es ist erwähnenswert, dass auch die männlichen Vertreter der nichtmenschlichen Primaten **eine Vorliebe für die Hinterteile** ihrer sozialen Partnerinnen zeigen. Deshalb setzen die weiblichen Mitglieder eines Sozialverbandes, um ihre Paarungsbereitschaft zu signalisieren, ihre Rückseite bewusst in Szene. Denn wenn ein Affenweibchen die Aufmerksamkeit eines Affenmännchens erregen will, wendet sie ihm demonstrativ ihren „äffischen Hintern" zu. Bei vielen Affenweibchen beginnt das Hinterteil sogar rot zu leuchten und schwillt zusätzlich an, wenn sich die Zeit des Eisprungs (Ovulation) nähert. Diesem Anblick kann ein Affenmännchen (als Spermiendonator) nicht widerstehen!

Ein Phänomen, das jeden Tag auf dem Planeten Erde für die Weltbevölkerung zu einem großen Problem wird, ist die Kriegsführung. Der **Krieg** als destruktive, mit Waffen geführte und strategisch geplante **Gruppenaggression** ist ein Ergebnis der kulturellen Entwicklung. Ein Krieg kann daher auch kulturell überwunden werden. Das Verhalten zur Kriegsführung ist nicht in den Genen des anatomisch modernen Menschen verankert. Der Krieg hat jedoch insofern mit den Genen zu tun, als er die Eignung (**Fitness**, gleichbedeutend mit Fortpflanzungserfolg) der Sieger fördert.

Der Mensch ist seiner Motivationsstruktur nach zweifellos **friedensfähig**. Will man den Frieden erhalten, dann muss man allerdings zur Kenntnis nehmen, dass der Krieg Funktionen wie jene der Ressourcensicherung und Erhaltung der Gruppenidentität erfüllt, die es dann auf andere, unblutige Weise zu erfüllen gilt.

Aus soziobiologischer Sicht werden Kriege nicht so sehr durch Aggressivität, sondern mehr durch ein Übermaß an **Hingabebereitschaft** des Menschen ermöglicht. Dies lässt in beeindruckender Weise sein **altes Primatenerbe** erkennen. Ein vergleichbares Verhalten zeigen Schimpansen bei ihrer Kriegsführung, wie Freilandbeobachtungen belegen. Eine weitere Eigenschaft des Menschen, nämlich seine **Bereitschaft zur Loyalität**, wurde schon immer zu politischen Zwecken missbraucht. Diese angesprochene Neigung ist eine weitere Erklärung für die **Mobilisierbarkeit von Menschen** zum gemeinsamen Kampf.

Folgende **angeborene Dispositionen des Menschen** können bei der Kriegsführung zur Wirkung kommen:[42]

- Die Neigung, einander in geschlossenen Gruppen loyal beizustehen.
- Die Bereitschaft, bei Bedrohung von Gruppenmitgliedern aggressiv zu reagieren.
- Die Motivation, zu kämpfen und zu dominieren. Dies zeigt sich besonders bei männlichen Personen.
- Die Neigung, Reviere zu besetzen und zu verteidigen.
- Die Fremdenscheu, d. h. das Ansprechen auf agonale („kämpferische“) Signale des Mitmenschen, den man nicht kennt.
- Die Intoleranz gegen Abweichungen von der Gruppennorm.

Aggressivität des gut bürgerlichen Mitmenschen: Warum der Mensch zum KZ-Mörder wird

Wenn wir genau wissen wollen, warum im 20. Jahrhundert in Deutschland sich ein nationalsozialistisches Regime entwickeln konnte und dessen politischen Mitglieder zu Konzentrationslager (KZ)-Massenmördern wurden, reichen nach Ansicht des Politikwissenschaftlers **Prof. Dr. Heiner Flohr** (1933 – 2019) *„die Erkenntnisse der Historiker bei weitem nicht aus. Auch Soziologen und Politologen müssen hier ziemlich früh passen. Ein Stück weiter führt die Psychologie, doch genügend tiefe Einsichten liefert erst die anthropologische Verhaltensforschung, die unser Handeln nicht nur aus der jeweiligen Kultur, sondern auch aus biologisch vorgegebenen Tendenzen herleitet. In dieser Perspektive ist sogar der entsetzliche Holocaust erklärbar.*“[43]

Die Erkenntnisse aus dem Fachbereich der Humanethologie, einem Forschungszweig der Verhaltensbiologie, dass auch der Mensch das Ergebnis einer langen stammesgeschichtlichen Entwicklungsreihe ist, könnten vielleicht mit dazu beitragen, uns zukünftig gegen drohende Massenmorde auf diesem Planeten zu wehren bzw. sie zu verhindern.

Stress – Alarmsituation im Körper

Der US-amerikanische Physiologe **Walter Bradford Cannon** (1871 – 1945) hatte 1915 der Begriff „Fight-or-fight response“ („Kampf-oder-Flucht-Reaktion“) geprägt. Dadurch sollte die schnelle körperliche und psychische Anpassung von Lebewesen **in Gefahrensituationen** als **Stressreaktion** beschrieben werden.

Wie kann man sich den Ablauf der körperlichen Reaktionen in einer Gefahrensituation vorstellen? Während der **Kampf-oder-Flucht-Reaktion** veranlasst das Gehirn des bedrohten Individuums, dass elektrische Impulse über Nervenbahnen des vegetativen Nervensystems an das Nebennierenmark gesendet werden. Dadurch wird extrem schnell **das Hormon Adrenalin** freigesetzt. Adrenalin erhöht unter anderem das Herzminutenvolumen, den Muskeltonus (dadurch erfolgt eine Steigerung der Körperkraft) und die Atemfrequenz. Besteht eine Dauerbelastung, so werden zusätzlich stoffwechselanregende Hormone wie **Cortisol** von der Nebennierenrinde ins Blut abgegeben. Der Grund dafür ist, dass Adrenalin zwar sofort, aber nur für kurze Zeit wirksam ist. Diese angesprochenen Reaktionen im Stoffwechsel des betroffenen Individuums liefern die Energie für ein überlebenssicherndes Verhalten in Form eines Angriffes oder in Form der Flucht.

Das sollte man wissen

Die Kampf-oder-Flucht-Reaktion beruht auf einer positiven Rückkopplung zwischen Nebennierenmark und Sympathikus. Impulse des Sympathikus veranlassen eine Ausschüttung der Hormone Adrenalin und Noradrenalin. Das Hormon Noradrenalin ist der Neurotransmitter des Sympathikus. Deshalb kann dieser Teil des vegetativen Nervensystems noch mehr Impulse liefern, sodass noch mehr Neurotransmitter ausgeschüttet werden. ***Allerdings:*** *Zu lang andauernder Stress kann bei dem betroffenen Individuum zu Schäden oder zum Zusammenbruch des Organismus führen.*

Schon gewusst? Das Unbewusste bestimmt oft das menschliche Handeln

Wie lässt sich erklären, dass das vernunftbegabte Wesen Mensch sich aber nicht immer auch vernünftig verhält? Die Antwort darauf *ist in der Gehirnstruktur des Menschen zu finden. Das Bewusstsein und alle spezifisch menschlichen Leistungen des Gehirns sind in der Großhirnrinde lokalisiert, dem sogenannten **Neuhirn**. Dieser Gehirnteil befähigt den Menschen zu außergewöhnlichen gedanklichen Leistungen.*

*Angeborene Triebe und Emotionen hingegen sind im Zwischenhirn und dem „limbischen System" des Gehirns lokalisiert. Diese Teilbereiche des Gehirns werden als **Althirn** bezeichnet. Unter bestimmten Bedingungen (z. B. **Panik, Stress**) können Vorgänge im Althirn beeinflusst werden: Antriebe des Zwischenhirns entgleiten der Kontrolle durch die Großhirnrinde. Der Mensch wird von Gefühlen überwältigt, und das Unbewusste bestimmt ein Handeln.*

Frühzeitliche **Jäger und Sammler** wurden, im Gegensatz zu den **heutigen anatomisch modernen Menschen** in einer technisierten Umwelt, nicht so häufig mit Stressreizen konfrontiert und ihre Erholungsphasen waren länger. Das durch die Stressreaktion erhöhte Energie- und Sauerstoffangebot konnte **bei den frühzeitlichen Jägern und Sammlern** durch körperliche Betätigung abgebaut werden. Die Gefahr **für Menschen in der modernen Arbeitswelt von heute** besteht in der verkürzten, unterbrochenen oder sogar fehlenden Erholungsphase, wodurch es zu vielfältigen Schäden durch **Distress** („Notlage") kommt.

Ein **Vergleich zwischen der Lebensweise** heutiger Buschleute (!Ko) und der Lebensweise von Menschen in einer technisierten Umwelt soll dies darlegen.

Lebensweise heutiger Buschleute (!Ko)[44]

Die Buschleute (!Ko) des südwestafrikanischen Kalahari spiegeln noch heute die Lebensweise von altsteinzeitlichen Jägern und Sammlern wider. Während die Männer jagen, sammeln die Frauen. Die !Ko pflegen eine Muße-intensive Lebensweise. Im sozialen Leben gibt es bei ihnen einen stetigen Wechsel zwischen Alleinsein und dem Zusammensein mit einigen Dutzend gut bekannter Mitglieder des Sozialverbandes. Soweit sie sich nicht nach ihrer Umwelt richten müssen, bestimmen die !Ko den Zeitpunkt, die Dauer und die Reihenfolge unterschiedlicher Tätigkeiten weitgehend selbst.

Bei den **Sozialverbänden der Buschleute** gibt es zwar Rangordnungen und hierarchische Strukturen, die jedoch den einzelnen Sozialverbandsmitgliedern viele Freiräume lassen. Die Alltagsverrichtungen wie Jagd und pflanzlicher Nahrungserwerb sind in der Regel individualistisch und wenig kooperativ ausgerichtet. Während die Frauen einen Grabstock und einen Tragbeutel mit auf den Sammelweg nehmen, benutzen die Männer Pfeil und Bogen, Speere und Schlingen für die Jagd.

Etwa zwei Stunden brauchen die Frauen in der Regel, um pflanzliche Nahrung und Brennholz für einen Tag zu sammeln. Für die Männer dauert die Jagd, je nach den gegebenen Umständen, bis zu acht Stunden. Ist die Jagd sehr erfolgreich gewesen, dann bleiben die Jäger mehrere Tage zu Hause.

Das Leben in der heutigen technisierten Umwelt

Heutzutage wird **in den modernen Gesellschaftsformen** eine arbeitsintensive Lebensweise geführt. Das Leben von Menschen in einer technisierten Umwelt zeigt vielfach extreme soziale Lebensformen: Alleinsein („Single-Dasein“), anonymes Leben, oberflächliche soziale Kontakte, soziale Kontakte auf der Grundlage der telekommunikativen Technik, Patchwork-Familien. Die Dauer und Reihenfolge unterschiedlicher Tätigkeiten im Alltag werden oft vorgeschrieben. **Bürokratische Hierarchiemuster** verhindern vorteilhafte Adaptationen der Sozialsysteme gegenüber sich verändernden gesellschaftspolitischen Bedingungen. Viele Menschen fühlen sich durch die Anforderungen ihrer sozialen Umwelt gegenüber überfordert. Die **Arbeit in einer technisierten Arbeitswelt** nimmt viele Stunden in Anspruch. Erhöhte körperliche und nervliche Anspannungen können vielfach nicht abgebaut werden.

Ein weit verbreitetes Phänomen in den modernen Gesellschaftsformen, weltweit betrachtet, sind **Verhaltensauffälligkeiten bei Jugendlichen**. Wir wollen der Frage nachgehen: **Auf welche Ursachen ist dies zurückzuführen?**

Forschungsergebnisse aus dem Bereich der Humanethologie und Soziobiologie tragen entscheidend dazu bei, dass der Mensch sich selbst, seine Mitmenschen und soziale Beziehungen besser versteht. Daher ist es zwingend erforderlich, dass humanethologische und soziobiologische Erkenntnisse in **pädagogische Programme** mit einbezogen werden und in Institutionen wie Kindergarten und Schulen konsequent Anwendung finden.

Folgende Tatsachen sollte man wissen: Alle Menschen sind als Individuen **biologisch betrachtet ungleich**. Die Ungleichheit betrifft nicht nur jedes einzelne menschliche Individuum, sondern es gibt auch eine **Ungleichheit zwischen den Geschlechtern** männlich und weiblich. Wenn alle Menschen auf Grund ihrer Individualität von Natur aus ungleich sind, d. h., wenn diese Ungleichheit nicht nur verursacht ist durch **ungleiche Umwelten**, sondern auch durch **eine unterschiedliche Genausstattung**, dann müssen Bildungsinstitutionen davon ausgehen, dass die Ungleichheit nicht völlig durch die Angleichung der Umwelten bzw. der konkreten schulischen Situation zu beseitigen ist.

Aufgabe der Schulen hat es zu sein, allen Schülerinnen und Schülern gleiche Startbedingungen zu ermöglichen. Jedoch zu meinen, dass nach Schaffung gleicher Bedingungen alle das gleiche Ziel erreichen, ist gefährlich. Eine so konzipierte Schule führt dazu, dass viele Schülerinnen und Schüler permanent schulisch **überfordert**, ein anderer Teil der Schülerinnen und Schüler dauernd in der Leistung **unterfordert** wird. Beides, nämlich **Überforderung und Unterforderung**, kann sich allerdings negativ auf Schülerinnen und Schüler auswirken.

Damit Kleinkinder und Jugendliche nicht permanent sozial überfordert werden, benötigen sie überschaubare und individualisierte Gruppen. Denn der Mensch ist von Natur aus sowohl ein Individualwesen als auch ein Sozialwesen. Aufgrund seiner Stammesgeschichte ist er an ein Leben in überschaubaren Sozialgruppen adaptiert. **Anonymität** als Folge zu großer, nicht überschaubarer Sozialverbände kann zu **sozialem Stress** mit allen negativen Folgen führen.

Wenn heutzutage die Anzahl von verhaltensauffälligen Schülerinnen und Schülern zunimmt, dann hängt dieser Anstieg auch mit dieser sozialen Stresssituation zusammen. Daraus ergibt sich die Forderung, nicht zu große Schulsysteme zu schaffen und Klassenverbände oder Grund- bzw. Leistungskurse, die nicht zu groß sind, möglichst beizubehalten. Nicht nur der Klassen-, Kurs- sondern auch der Schul-Verband müssen individualisiert und überschaubar bleiben. Das Schulkind und der Jugendliche fühlen sich am wohlsten, wenn sie mit Personen Umgang haben, zu denen ein persönlicher Bezug hergestellt werden kann.

Da jede Klasse oder jeder Kursus strukturierte individuelle Sozialverbände mit ausgebildeter Rangordnung sind und daher auch Über- bzw. Unterordnungsbereitschaft voraussetzt, kann auf Autorität (basierend auf dem eigenen Vorbild) nicht verzichtet werden. **Befehlspädagogik** ist aber **ebenso** abzulehnen wic eine **antiautoritäre Erziehung**.

Dass die Aggressivität schon im Kindesalter immer stärker zunimmt, hat eine Reihe von Ursachen. Sie liegen in Familien und Gesellschaft begründet. Einer der Gründe ist die Verunsicherung der Jugend, die heute nicht mehr auf einen Bestand verlässlicher Normen, Werte und Traditionsbezüge zurückgreifen kann. Da die Verschlechterung beim sozialen Verhalten erst mit zunehmendem Wohlstand eingetreten ist, sind vorrangig soziale Umwelteinflüsse maßgebend. Folgende Faktoren kommen dabei in Frage: Arbeitslosigkeit und Verstädterung, Vernachlässigung der primären emotionalen Bedürfnisse der Kinder. Dies betrifft das Eingebundensein in eine Familie, eine intakte Beziehung zwischen Mutter und Kind, emotionale Zuwendungen und als weiterer Faktor das Gewähren eines Übermaßes an Freiheit.

Die schulische Freiheit, die Kindern zum Lernen eingeräumt wird, hat zur Folge, dass den Schulkindern nicht nur Grundkenntnisse fehlen, sondern viele Schulkinder sind auch nicht fähig, regelmäßig und gewissenhaft zu arbeiten. Das Phänomen **„explorative Aggression“** bei Kindern und Jugendlichen ist eine Reaktion darauf, dass ihnen vonseiten der Erwachsenen nicht in hinreichendem Maße Grenzen aufgezeigt werden.

Wenden wir uns dem Thema **Demographische Entwicklung in Deutschland** zu. Nach einer Bevölkerungsvorausberechnung des statistischen Bundesamtes für das Jahr 2040 wird die Bevölkerungszahl in Deutschland voraussichtlich 82,1 Millionen Menschen betragen, wobei der Anteil an 20 bis 66jährigen vermutlich 45,8 Millionen Mitmenschen und der Anteil der 67 und älteren Mitmenschen voraussichtlich 21,4 Millionen umfassen. Aus der gegenwärtigen Population in Deutschland greifen wir einen 80jährigen anatomisch modernen Menschen heraus, der sich vom tatkräftigen Wissensvermittler zum Seenager (Senior Teenager) im Ruhestand entwickelt hat.

Aus Anlass des 80. Geburtstag des Weltbürgers Heinrich Frohgemut, der sich nach einer langen pädagogischen Arbeitsphase im schulischen und museologischen Bereich im Ruhestand befindet, soll die Gelegenheit genutzt werden, einige Gedanken zum Thema **„Älterwerden“** darzulegen. Dazu werden die vier Sinnfragen des Philosophen der Aufklärung **Immanuel Kant (1724 – 1804)** mit einbezogen:

- Was ist der Mensch?
- Was soll er tun?
- Was kann er wissen?
- Was darf er hoffen?

Kommen wir zunächst zu der ersten kantschen Sinnfrage **„Was ist der Mensch?“**. Evolutionsbiologisch betrachtet wird der Mensch noch nicht lange alt. Erst vor 30.000 Jahren stieg die Lebenserwartung des Beute- und Sammlergängers Homo sapiens sapiens drastisch an. Mit mehr älteren und damit erfahrenen Menschen konnten sich im Laufe der kulturellen Evolution moderne und zukunftsgerichtete Lebensweisen sowie soziale Institutionen entwickeln. Eine Ausnahme stellen allerdings bürokratische Institutionen dar, die oft zu einem Stillstand kultureller Evolution führen.

Kehren wir zum Thema **„Alter“** zurück. „Das Gedächtnis älterer Menschen wird aber schwächer, der Geist langsamer“, behaupten viele Mitmenschen, die sich vor der **60er-Alters-Barriere** befinden. Nun verbreiten aber Gehirnforscher mit einer segensreichen Meldung Hoffnung für die Senioren: „Die Alten können doch einiges besser als junge Menschen.“ Die **Erkenntnis der Neurophysiologen** ist, dass ältere Menschen Fehler eher als junge Menschen korrigieren. Die Senioren gehen nach der Erfahrung der Wissenschaftler bei Reaktionsaufgaben bedächtiger ans Werk. Hinzu kommt, dass **ältere Menschen** schneller eine Situation überblicken können, während **junge Menschen** sich eher auf Details konzentrieren.

Hervorzuheben ist, dass ältere Menschen dazu neigen, negative Eindrücke aus ihrem Gedächtnis zu streichen. Durch diese unbewusste Auswahl von Erinnerungen können sie ihre Gefühlswelt beeinflussen. Daher sind die Alten in der Regel besser gelaunt und weniger besorgt als junge Menschen. **Älter zu sein bedeutet** also, sich eher an das Schöne zu erinnern.

Wenden wir uns der zweiten kantschen Sinnfrage zu: **„Was soll er tun?“**. Menschen wundern sich, dass die Zeit immer schneller zu vergehen scheint, je älter sie werden. Nach neuen wissenschaftlichen Erkenntnissen, ist es die tägliche Routine, die die Zeit schneller vergehen lässt, da unser Gehirn beim Absolvieren gewohnter Handlungen **„auf Autopilot schaltet“**. Die mit Routine ausgeführten Handlungen werden von unserem Erinnerungsvermögen wie Untätigkeiten behandelt. Daher haben wir oft Schwierigkeiten, uns an bestimmte Sachverhalte zu erinnern. **Wichtig ist zu erkennen:** Allein Neues und Unbekanntes bleibt in der Erinnerung haften und dehnt die Zeit. Wenn Heinrich Frohgemut seine Zeit verlangsamen möchte, hat er nur eine Chance, indem er sein Leben immer wieder auf den Kopf stellt und komplett Neues hinzulernt.

Denken wir über die dritte kantsche Sinnfrage nach: **„Was kann er wissen?“**. In diesem Fall ersetzen wir jedoch „kann“ durch „sollte“. Der ältere Mensch wird es vielleicht nicht ahnen, aber er zählt zu der **„Generation der gewonnenen Jahre“**. Nicht umsonst ruft man zu einer Neuorientierung auf. Ein „Jugendlichkeitswahn“ vernachlässigt die Bedeutung von Erfahrung, die ältere Menschen mitbringen. Ältere Menschen sind in der Regel in ihrer Persönlichkeit flexibler und neugieriger als angenommen. Einsamkeit und Langeweile sind eher ein Kennzeichen der Jugend. „Oldies but Goldies“. Nichts anderes ist den aktiven, agilen und mobilen Alten von heute angemessen. Die These von den Alten als „Zukunftsdieben“ gehört in das Land der Märchen und Legenden. Das Humankapital ist eine Quelle des Fortschritts.

Welche Erkenntnisse bringt uns die vierte kantsche Sinnfrage **„Was darf der Lehrer im Allgemeinen hoffen?“**. In Anbetracht der immer stärkeren Herausforderungen im schulischen Alltag mit Schlechtleistern und Spitzenleistern unter den Schülerinnen und Schülern bzw. in Anbetracht eines Schüleranteils, der wiederholt

gnosiophobisches Verhalten („Angst vor Wissen“) im Unterricht zeigt oder bei dem sich **kognitive Dissonanz** (kognitive Verzerrung, Dunning-Kruger-Effekt) bemerkbar machen, empfiehlt sich für den älter gewordenen Lehrer die Anwendung völlig neuer Überlebensstrategien.

Nebenbei bemerkt: Für den Senex homo educans ist nach **Robert Lee Frost** „Bildung die Fähigkeit, fast alles anhören zu können, ohne die Ruhe zu verlieren oder sein Selbstvertrauen.“ Nach Auffassung des Erziehungswissenschaftlers **W. Memmert** bedeutet Erziehung für den Senex homo educans „dem Menschen zu helfen, mit der Diskrepanz zwischen Anlage und Umwelt fertig zu werden.“

Mit dem Wissen um seine eigene Zukunft im außerschulischen Lernort „Privatbereich“ und ohne **permissive Spaßpädagogik** weiß der erfahrene Pädagoge Heinrich Frohgemut um die Bedeutung einer **breit angelegten Allgemeinbildung**. Bildung ist nicht nur in der Gegenwart, sondern auch in der Zukunft für die Menschen lebensnotwendig.

Ist eigentlich für den anatomisch modernen Menschen die taxonomische Kennzeichnung Homo sapiens sapiens gerechtfertigt? **Der britische Sozialphilosoph John N. Gray** ist anderer Meinung. In dem SPIEGEL-Gespräch „Humanismus ist ein Aberglaube“ mit dem Redakteur Romain Leick äußert sich John N. Gray über den Fortschrittsmythos, die Suche nach dem Sinn der Geschichte und den menschlichen Hang zur Selbstzerstörung.[45] Das Interview wird auszugsweise wie folgt wiedergegeben:

*[...] **SPIEGEL:** Der Humanismus ist kein Rationalismus, sondern eine Religion? **Gray:** Ich behaupte, dass die Grundüberzeugung der Humanisten, die Geschichte der Menschheit sei eine Fortschrittsgeschichte, ein Aberglaube ist. Insofern ist der echte religiöse Glaube ein nützlicher Damm gegen die menschliche Hybris. Für Humanisten enthält die Religion ein subversives Potential, deshalb bekämpfen und pervertieren sie sie. [...] **SPIEGEL:** Das ändert nichts daran, dass universelle Werte wie die Würde des Menschen nicht ernsthaft in Frage gestellt werden können. Die Idee lässt sich nicht zerstören. Dass sie nicht immer geachtet wird, steht auf einem anderen Blatt. **Gray:** Das Schlimmste kann in der zivilisiertesten Gesellschaft passieren. Wir sind nie vor Barbarei gefeit. Für mich war der größte Denker der Aufklärung im 20. Jahrhundert Sigmund Freud. Er sah in der Zivilisation eine Schutzmaßnahme des Menschen gegen sich selbst. Denn der Mensch ist nicht nur Eros, sondern auch Thanatos – mit seiner Neigung zu Aggression, Grausamkeit und Zerstörung. Deshalb ist jeder Fortschritt zweischneidig. Die Mehrung des Wissens erhöht die Macht des Menschen, zum Guten wie zum Bösen, über die Natur wie über andere Menschen. Der Homo sapiens ist und bleibt immer auch ein Homo rapiens, ein Räuber mit ungeheurer destruktiver Kraft, der die Welt in den Untergang führen kann.*

Mit drei Themenbereichen zur Frage „Wer sind wir?“ wollen wir uns noch beschäftigen, bevor wir einen Blick in die vermeintliche Zukunft von uns, den jetztzeitlichen Vertretern des anatomisch modernen Menschen, werfen.

- Welche Unterschiede bestehen zwischen Frauen und Männern?
- Welche Teilfunktionen üben die Gene des menschlichen Genoms aus?
- Wie lässt sich Religion erklären?

Einen Einblick in die Unterschiede zwischen den Geschlechtern ermöglicht die folgende Übersicht:

Unterschiede zwischen den Geschlechtern[46]

- **Frauen** können zwischen Beruf, Familie und Haushalt flexibel hin- und herwechseln / **Männer** identifizieren sich über ihre Arbeit (Anwendung frühzeitlicher Siegerstrategien)
- **Frauen** unterhalten überdurchschnittlich viele enge Beziehungen zu vertrauten Personen / Das Wettstreitverhalten des **Mannes** entspricht seinem Denken vom Sieg des Ranghöheren
- **Frauen** bauen Stress in gefühlsbetonten Gesprächen rascher ab und achten sensibel auf ihre Körpersignale. **Frauen** empfinden intensiver als Männer. **Frauen** sind in der Regel ausdauernder und widerstandsfähiger als Männer. / Im Hinblick auf Stress und Überlastung entwickeln **Männer** Verdrängungsstrategien, die ihre drei „Ks“ prägen: Karricre, Konkurrenz und Kollaps.
- **Frauen** haben ein empfindlicheres Gehör als Männer: Sie hören besser hohe Töne. / **Männer** können Geräusche besser orten als Frauen.
- **Frauen** lassen in Gesprächen eher Gefühle zu als Männer. Zudem bevorzugen sie den prestigeärmeren, kooperativen, indirekten und personenorientierten Sprachstil. / ***Männer*** ergreifen im öffentlichen Gespräch öfter das Wort und reden länger als Frauen. Zudem unterbrechen sie ihre Gesprächspartner und Gesprächspartnerinnen öfter als Frauen. Mit anderen Worten: Männer neigen eher zum kompetitiven, selbstbezogenen Sprachstil des Statushöheren.
- **Frauen** sind sprachbegabter als Männer, da sie beide Gehirnhälften nutzen. / **Männer** nutzen beim Sprechen nur das Sprachzentrum in der linken Gehirnhälfte.

- **Frauen** rechnen effektiver / **Männer** schneiden bei geometrischen Problemstellungen besser ab als Frauen.
- **Frauen** denken beidseitig. / Bei **Männern** ist die cerebrale Zweiteilung, nämlich die klare Aufgabentrennung im Gehirn, stärker ausgeprägt als bei Frauen.

Welche Teilfunktionen üben die Gene des menschlichen Genoms aus?[47]

Grundlageninformation: Als menschliches Genom bezeichnet man einen vollständigen Satz von Nukleinsäuresequenzen, die als DNA innerhalb der 23 Chromosomenpaare in Zellkernen (Nukleus DNA, nDNA, Kerngenom) und in einem kleinen DNA-Molekül in einzelnen Mitochondrien (mitochondriale DNA, mtDNA, Mitochondriengenom) verschlüsselt vorliegen.

Das **Genom** ist ein System, das zur Wahrnehmung von äußeren Signalen befähigt ist. **Gene** (Abschnitte auf der DNA, die erblich bestimmte Merkmale codieren) sind Moleküle, die kommunizieren und kooperieren. 2% der Gene der menschlichen DNA (das sind etwa 23.000 bekannte Gene) stehen mit der **Proteinbiosynthese** in Verbindung. 49% der Gene halten die **Zellregulation** aufrecht. Weiter 49% der Gene sind „springende Gene“ (**Transposons**), die das Genom neu kombinieren, auseinandernehmen und zusammensetzen können.

Das **Erbgut** kann sich also selbst verändern und sensibel auf äußere Reize reagieren. Nicht primär zufällige Mutationen, sondern vor allem Prozesse des **horizontalen Gentransfers** sowie zahlreiche **Neukombinationen von Genen** sind ausschlaggebend. In Verbindung damit werden die Prinzipien **Kommunikation, Kooperation und Kreativität** eindrucksvoll verwirklicht.

Die **Epigenetik** (epi, gr.: außerdem), ein Teilbereich der molekulargenetischen Forschung, befasst sich mit der Frage, welche Faktoren die Aktivität eines Gens und damit die Entwicklung der Zelle zeitweilig festlegen.

Wenden wir uns noch zum Schluss der Frage zu: **Wie lässt sich Religion erklären?** Denn religiöses Verhalten des Menschen ist ein weiterer Baustein zur Beantwortung der Frage „Wer sind wir?“.[48]

Alle Menschen haben zu allen Zeiten über ihre Herkunft und den Ursprung der Welt nachgedacht. Diese Deutungen sind am eindrucksvollsten in Schöpfungsmythen niedergelegt, von denen wir heute aus allen Kulturen eine unübersehbare Zahl kennen. Diese sakral-weltanschaulichen Erzählungen gelten als wahre Begebenheiten und werden geglaubt. Sie schaffen Distanz zum Unerklärlichen und nehmen ihm den Schrecken. Sie sind zeitlos, ohne Anfang und ohne Ende und werden von Generation zu Generation weitergegeben. Die handelnden Personen sind häufig übermenschliche Wesen. Schöpfungsmythen erklären die Herkunft des Menschen ohne wissenschaftliche Belege.

Der Tod ist eine fundamentale Grenzerfahrung, die unmittelbar mit der Frage nach dem Sinn unserer Existenz verbunden ist. Diese Auseinandersetzung ist häufig in Rituale eingebettet. Sie sollen nicht nur dem Wohl der verstorbenen Person dienen, sondern auch der Wiederherstellung der Ordnung unter den Hinterbliebenen. Der Tode hinterlässt eine Lücke im Geflecht der sozialen Beziehungen, die das soziale Gleichgewicht gefährdet.

Durch die Einbindung des Religiösen in staatliche Systeme entstanden in der Alten Welt und in Mittel- und Südamerika Hochreli-

gionen. Ihre ältesten Zeugnisse stammen aus den frühen Staaten des Vorderen Orients und Ägyptens. Heute gehören etwa 70 Prozent der Erdbevölkerung einer Hochreligion an.

Trotz vieler Unterschiede hinsichtlich der Glaubensinhalte und Praktiken liegt den Hochreligionen (Buddhismus, Christentum, Hinduismus, Islam, Judentum, Konfuzianismus) eine ähnliche Struktur zugrunde. Die Gemeinschaft der Gläubigen zerfällt in einen aktiven Teil, die Priesterschaft, und in einen passiven Teil, die Gemeinde. Der Klerus bildet eine eigene gesellschaftliche Gruppe, die sich ausschließlich der Religion widmet. Er dient in der katholischen und orthodoxen Kirche als Vermittler zwischen dem „göttlichen Logos" und der Gemeinde.

Das religiöse Programm wird häufig in „heiligen Schriften" festgehalten, die religiöses Verhalten aber auch die persönliche Lebensführung jedes Einzelnen durch Gebote und Verbote regeln. Viele Hochreligionen kennen zudem eine Stifterfigur, die als Glaubensbringer fungiert und den Ausgangspunkt der Religion bildet.

Anders verhält es sich mit dem Buddhismus, der mit Buddha Gautama auch eine historische Gründerfigur hat. Allerdings kennt der Buddhismus keinen Erlöser, keinen Heilsbringer, keine strengen Gebote. Jeder soll selbst den „richtigen Weg" finden. Der Buddhismus ist eine Religion ohne Gott. Alles bleibt dem Einzelnen überlassen. Dadurch ist der Buddhismus undogmatisch und kennt nicht den Missionsgedanken.

Hochreligionen sind ohne Schriftsysteme nicht denkbar. Daher stammen die ältesten religiösen Zeugnisse aus dem Vorderen Orient und Ägypten. Allerdings sind wir bei den archäologisch fassbaren

Hochreligionen nur über das religiöse System der Herrscher und ihrer Priesterschaft informiert. Zwar kann ein Zusammenhang mit den Religionen des Volkes angenommen werden, aber über den religiösen Alltag sind wir allerdings kaum informiert.

Judentum, Christentum und Islam entstammen derselben geschichtlichen Wurzel. Es sind die Religionen der „geschichtlichen Gottesoffenbarung". Wer immer die Bibel, insbesondere das Alte Testament und den Koran nebeneinanderlegt, erkennt die große Ähnlichkeit. Entspricht das „So spricht der Herr" des Alten Testaments nicht dem „Sage" des Korans, das alttestamentliche „Geh hin und künde!" nicht dem koranischen „Stelle dich auf und warne!"?

Auch in der arabischen Welt gibt es wie in der christlichen Welt nur ein Wort für Gott. Der Koran ist wie die Bibel ein für allemal niedergelegtes schriftliches Wort und damit nicht veränderbar. Der Koran selber betont verschiedentlich, dass auch Juden und Christen „Leute des Buches sind", „Schriftbesitzer", und zeigt so Gemeinsamkeiten auf.

Wohin gehen wir?

Das Leben in einer fremden Welt

Ist es nicht bemerkenswert, dass im Zeitalter der wirtschaftspolitischen Globalisierung immer mehr Menschen das Gefühl haben, in einer für sie fremden Welt zu leben? Entsprechend desorientiert verhalten sie sich. Für diese subjektive Wahrnehmung gibt es eine Erklärung, wenn man die Erkenntnisse zur Entwicklungsgeschichte des Menschen zugrunde legt. Heutzutage denken, fühlen und handeln die Bewohner des Planeten Erde noch immer mit einer „Steinzeitpsyche". Denn der menschliche „Steinzeitkörper" hat sich an die Bedingungen und Herausforderungen der modernen „Zivilisation" kaum anpassen können. Der Grund: Die biologische Evolution des Menschen kann mit der von ihm initiierten kulturellen Evolution schon lange nicht mehr Schritt halten. Diese „Missevolution" (Daniel E. Lieberman) ist unter anderem der Grund dafür, dass in den modernen Sozialverbänden immer mehr physische und psychische Erkrankungen bei Sozialpartnerinnen und Sozialpartnern zu beobachten sind.

Bemerkenswert

Man muss sich immer wieder bewusst machen, dass der Mensch in seiner seit 2,5 Millionen Jahren andauernden Stammes- und Kulturgeschichte zu etwa 99,6% dieser Zeit ausschließlich als Jäger und Sammler in überschaubaren Sozialverbänden gelebt hat. In den letzten 10.000 Jahren (das entspricht den fehlenden 0,4 Prozent) hat der Mensch, der der Unterart Homo sapiens sapiens angehört, die natürliche Umwelt nach seinen Bedürfnissen tiefgreifend umgestaltet.

Diese Entwicklung einer Umgestaltung der natürlichen Umwelt hat sich mit Beginn der **Industrialisierung** (die sog. „Industrielle Revolution“), die im späten 18. Jahrhundert in England begann und sich in der zweiten Hälfte des 19. Jahrhunderts fast überall in Europa durchgesetzt hatte, dramatisch beschleunigt. Unser heutiges Leben wird in vielen Bereichen von hochentwickelter Technik unter Einsatz von Elektronik und Informationstechnologie beherrscht. Man spricht von der **Digitalen Revolution**, auch dritte Industrielle Revolution oder Elektronische Revolution genannt. Hinzu kommt, dass unser Leben in immer stärkerem Maße von „megaurbanen Regionen“ geprägt wird.

Um unter diesen Bedingungen trotzdem im Alltag überleben zu können, sind für das Sozialwesen Mensch immer noch Fähigkeiten erforderlich, über die schon seine frühzeitlichen Vorfahren verfügen mussten. Beispielsweise wurde für sie Kooperation zur Existenzfrage. Nur der Zusammenhalt und die innere Ordnung in den frühzeitlichen Sozialverbänden garantierte das Überleben des Einzelnen. Das Leben in sozialen Verbänden setzte aber auch ständige Wenn-dann-Abwägungen, Rücksichtsnahmen, Absprachen, Rangordnungskämpfe, Kompromisse und Austausch sowie Gegenleistungen voraus. Diese sozialen Kompetenzen sind das wichtigste soziale Erbe unserer Vorfahren. Wie diese Frühzeitmenschen müssen auch wir Jetztmenschen Freundschaften schließen und Zweck-Allianzen eingehen. Wir bevorzugen die Nähe zu bestimmten Mitmenschen, wir organisieren nicht nur Arbeitsgemeinschaften und Vereine, sondern wir gründen auch Kartelle zum gegenseitigen Vorteil. Außerdem suchen wir immer wieder die Aufmerksamkeit und Anerkennung unserer Mitmenschen.

Gesellschaftliche Veränderungen wirken sich auch auf das Individuum aus

Unsere Gegenwart ist geprägt von einem gesellschaftspolitischen und wirtschaftlichen Wandel, und zwar von der Industriegesellschaft zu einer Dienstleistungs- und Informationsgemeinschaft bzw. Wissensgesellschaft. Dies lässt sich allerdings nicht bei allen Sozialpartnern und Sozialpartnerinnen erkennen. Auswirkungen gesellschaftlicher Veränderungen können in vielfältiger Weise beobachtet werden. Neben dem urbanen Einzelkämpfer gibt es Modernisierungsverlierer, die relativ schnell in das „abgehängte Prekariat", die sogenannte soziale Unterschicht, abgleiten können. Unzureichende Bildung und fehlende soziale Einbindung kann zu einer „Proletarisierung der Gesellschaft" führen.

Die manipulative Einflussnahme der Medien, deren Präsenz allgegenwärtig ist, äußert sich nicht nur darin, dass sich eine „Hysterisierung" unter den Mitgliedern einer Gesellschaft ausbreitet, sondern dass immer stärker eine „Palavergesellschaft" entsteht, die das Alltagsgeschehen bestimmt. Der „Erregungshunger" von Journalisten trägt mit dazu bei, dass sich „populistische Empörungslust" in der Bevölkerung und bei deren politischen Vertretern breit macht. Auf der anderen Seite wird gezielt „Beschwichtigungsjournalismus" betrieben.

Nebenbei bemerkt

Neue Wortfindungen beherrschen die Umgangssprache. Neben der „unproduktiven Unterschicht" gibt es die Gesellschaftsschicht derjenigen, die produktive Arbeit leisten. Darunter versteht man die Erwerbsarbeit. Nebenbei bemerkt: Die Arbeit von Frauen im Haushalt stellt nach Ansicht von Wirtschaftsexperten „reproduktive

Arbeit" dar. Wer sich nicht gern in der Rolle als Hausfrau sehen möchte, kann gegenüber Dritten angeben, dass man die Tätigkeit einer „Familienmanagerin" bzw. einer „Home Managerin" ausübt. Der Ehemann bzw. Lebenspartner, der in der binären Zweckgemeinschaft manuell bedingte Tätigkeiten wie etwa die außerhäusige Entsorgung von Hausmüll und eine sachgerechte Einbringung in die dafür bestimmte gelbe, graue, braune und blaue Tonne durchführen muss, die kalendarisch vorgegebene Bereitstellung der Abfalltonnen an den Straßenrand für die Abholung durch die Müllabfuhr zu organisieren hat (hier kommt es auf das Timing an!) oder der benutztes Geschirr in die Spülmaschine einräumt (ein stereoskopisches Blickvermögen ist dafür zwingend erforderlich!) oder der Laub zusammenkehrt, kleinere Reparaturen in der Wohnung durchführt und für Ordnung im Kellerbereich sorgt, kann sich durchaus als „Facility Manager" bezeichnen.

Durch die Verlagerung des Lebensraumes von ländlichen Gebieten in Städte wird deren Bewohnern in hohem Maße eine individuelle Gestaltungsfreiheit vor allem dort ermöglicht, wo Wohlstand herrscht. Andererseits verursachen Riesenstädte („Megacities") bei den dort lebenden Menschen Struktur- und Orientierungslosigkeit. Dies führt zwangsläufig zu einer Beeinträchtigung der sozialen Kontakte und des seelischen sowie körperlichen Wohlbefindens der städtischen Bewohner. Die Anonymität der Großstädte ist, stammesgeschichtlich betrachtet, für das Sozialwesen Mensch verhältnismäßig neu. Denn der anatomisch moderne Mensch ist von Natur aus ein Individual- und Sozialwesen und ursprünglich an ein Leben in überschaubaren Gruppen angepasst.

Die unüberschaubaren Sozialverbände in Städten und das dichte Zusammenleben mit zum großen Teil unbekannten Mitmenschen haben nicht nur Einsamkeit und Depressionen zur Folge. Hinzukommt, dass das Individuum nicht mehr nur mit Sozialpartnern und Sozialpartnerinnen, die es persönlich kennt, im Wettbewerb steht. Je globalisierter nämlich ein Wettbewerb abläuft, umso unüberschaubarer ist er. Der tägliche Konkurrenzdruck kann leicht in eine Identitätskrise führen. Es ist daher nachvollziehbar, dass Menschen Sympathiegruppen bilden. Es sind kleine, soziale Einheiten, die dem Einzelnen Sicherheit und Geborgenheit vermitteln.

Erwähnenswert

In diesem Zusammenhang, um es noch einmal hervorzuheben, lässt sich das Phänomen „Fremdenscheu“ (Xenophobie) aus der Stammesgeschichte des Menschen erklären. Fremdenscheu ist tief in unserer sozialen Evolution verwurzelt. Die Nutzung der Ressourcen in der Umwelt war für eine Kleingruppe von Homininen, die in der Altsteinzeit (Paläolithikum) gelebt hatten, besser möglich, wenn mehrere Individuen miteinander kooperierten, als durch eine individuelle Jagd. Die Jagd- und Sammelmöglichkeiten in einem bestimmten Areal begrenzten aber die Zahl derer, die ernährt werden sollten. Daher waren gruppenfremde Individuen, deren Verhalten Angst auslöste, nicht erwünscht.

Das Zusammenleben von Menschen auf engem Raum setzt ständige Strategiewechsel voraus

Zu unterschiedlich sind die Charaktere der Mitmenschen. Es gibt urbane Sozialpartner, die hohe soziale und kommunikative Kompetenzen auszeichnen und die sich in viele Bereiche des öffentlichen Lebens einbringen. Mit ihnen zusammenzuarbeiten kann von gegenseitigem Nutzen sein. Die altbewährte Tit-for-Tat-Strategie

(„Wie du mir, so ich dir-Strategie"), die dabei Anwendung findet, ist eine besonders günstige Strategie der Kooperation, bei der die beteiligten Partner zur Gewinnerhöhung aufeinander angewiesen sind.

Beim Umgang mit Mitmenschen, die einen **autoritären Führungsstil** praktizieren, muss man sich immer bewusst machen, dass deren Verhalten dazu dient, in einer Arbeitsgruppe eine **Dominanz-Hierarchie** aufrechtzuerhalten. **Demutsgebärden**, die bei einem aggressiv ausgerichteten innerartlich-betrieblichen Gespräch mit dem Ranghöchsten durch den Rangniederen gezeigt werden, können sich aggressiv-hemmend auswirken.

Vorsicht ist geboten beim Umgang mit Mitmenschen, die **„Schrebergartenmentalität"** zeigen. Der Schrebergarten ist für sie ein Territorium, das es zu verteidigen gilt. Zur Markierung dieses Reviers verwendet der Revierinhaber Duftmarken, die von seinem Komposthaufen aus oder aus dem selbst zusammengezimmerten Plumpsklo in die nähere Umgebung diffundieren. Neben optischen Markierungen, die in vielfältiger Form angebracht werden (beispielsweise die in grellen Farben angestrichene Gartenlaube und der Gartenzaun mit einer Höhe von 70 cm, Flaggenmarkierungen, farbige Gartenzwerge und Waldtiere aus Gips geformt), kann auch eine akustische Markierung in Form von kleinen Windrädern in den Beeten oder leeren Metalldosen, die auf einer Schnur aufgereiht über den innerterritorialen Gehweg gespannt sind, zur Geltung kommen.

Der anatomisch moderne Mitmensch der Gegenwart, Jupp Steinpilz, bringt es auf den Punkt: „Ich frage mich, ob ein Volk, das sich ein **Kleingartengesetz** mit 400 Seiten gibt, noch richtig tickt. In einem Beitrag las ich kürzlich, wir seien kein Volk der Dichter und Denker, sondern **ein Volk der Gartenzwerge**. Dem kann ich nur zustimmen."[49] Diese Lebenseinstellung verkörpern allerdings in unserer heutigen Zeit immer noch viele Sozialpartner und Sozialpartnerinnen.

Während manche Mitmenschen in unserer hektischen Zeit **Entschleunigung** suchen, das heißt aktiv der beruflichen und privaten Beschleunigung des Lebens entgegenwirken und in ihren Alltagsaktivitäten wieder langsamer werden, zeigen andere urbane Bewohner ein **hyperaktives Verhalten**, indem sie im Laufe eines Tages (24 Stunden sind zu wenig!) eine Tätigkeitsgewinnmaximierung anstreben – und das unter dem Deckmantel von Kulturbewusstsein. Dazu zählt auch der extravagante Kulturtourismus, der einem Imponierverhalten vergleichbar ist, um in seinem näheren Umfeld die soziale Akzeptanz zu steigern.

Meiden sollte man die Bekanntschaft mit „pathologischen Bedenkenträgern", deren immer wieder vorgetragenen Einwände Angst vor Veränderungen ausdrücken. An Mitmenschen, die durch „gönnerhafte Entrücktheit" auffallen, zeigt sich, wie lebensfremd sie sind. Mitmenschen, die immer wieder betonen, „Ich meine es doch nur gut.", tarnen dadurch ihren Egoismus als guten Willen. Und schließlich sollte man dem Schulterklopfen, das man durch Mitmenschen am eigenen Körper erfährt, nicht zu viel Bedeutung beimessen. Von seinem Ursprung her hat Schulterklopfen die Funktion einer Aufmunterung beziehungsweise einer sozialen Verstärkung. Manche Sozialpartnerinnen und Sozialpartner deuten es als ein Zeichen für Sympathie zueinander. Wer jedoch an seinem Körper zu oft Schulterklopfen erlebt, kann dies als eine Unart empfinden.

Man fragt sich mit Recht, warum es trotzdem Menschen gibt, die in der Ehe oder in einer Lebenspartnerschaft Zeit ihres Lebens miteinander gut auskommen können. Der Schlüssel zum Erfolg liegt in ihrer guten Bindefähigkeit und in einer hohen Kompromissbereitschaft. Denn **eine glückliche Partnerschaft** ist die Union zweier Menschen, die gut im Vergeben sind.

Herausforderungen in einer globalisierten Lebensgemeinschaft

Da sich in Megastädten Menschen und Infrastruktur auf engstem Raum konzentrieren, gehen von solchen megaurbanen Räumen im Vergleich zu ländlichen Regionen sehr viel höhere Schadenspotentiale aus. Gerade Wirtschaftszentren, in denen sich die weltweite Verflechtung von Güter-, Finanz- und Informationsströmen widerspiegelt, bergen ein großes Risiko. Stromausfälle können beispielsweise zu einem gewaltigen Chaos und riesigen Produktionsausfällen führen. Nicht auszudenken wären die Folgen von Anschlägen auf Atomkraftwerken in der Nähe von Megastädten, wie z.B. London, New York und Tokio. Als sehr kritisch sind auch die langfristigen Risiken anzusehen, die sich für Megastädte in geologisch sehr aktiven Zonen („Erdbeben-Zonen“) ergeben. Megastädte stellen Ballungsräume („Agglomerationsräume“) dar, die zwangsläufig zur Verschlechterung der natürlichen Ressourcen Boden, Luft und Wasser führen und damit der Gesundheit von Menschen schaden. Immer mehr Menschen wollen aber in Städten leben. Für dieses sozial-politische Problem wirksame Lösungsstrategien zu entwickeln ist eine der großen Herausforderungen für die Zukunft.

Ist die Angst vor dem Kollaps der Städte berechtigt? Dazu äußert sich der Philosoph und Medientheoretiker **Peter Sloterdijk**:[50] „Wir führen seit [über] 20 Jahren eine sehr realistische und düstere Debatte über die Zeitbombe Stadt. Alles, was sich auf diesem Gebiet vollzieht, ist nichts anderes als die Erfüllung von Prophezeiungen, die man auf der Grundlage von realistischen Annahmen schon vor längerer Zeit machen konnte. Die Welt ist so strukturiert, dass sie in vielen Bereichen schreckenerregend linear und unberechenbar geworden ist. Insbesondere in all den Bereichen, über die wir im Moment sprechen. Das heißt, der Grundtrend zur Urbanisierung, zur Mediatisierung, zur Ko-Modifizierung der Lebensverhältnisse – das heißt, kurz gesagt: zur Verwandlung von Natur in Ware – das alles sind Konstanten, die seit längerer Zeit erkennbar sind. Und bei diesen konstant-linearen Chancen-Prozessen warten wir auf eine Trendwende."

Die großen Veränderungen, die sich bei Städten und bei den Lebensformen der Menschen in urbanen Zentren zeigen, haben nach Ansicht des Kommunikationstheoretiker **Norbert Bolz** verschiedene Ursachen:

- Dadurch, dass sich die traditionelle Welt des Büros in einer Stadt in ein „One Person Office" verwandelt hat („Mein Büro ist dort, wo mein Modem ist."), schrumpft die soziale Umwelt der „Face-to-face-Interaction". Dazu Norbert Bolz: „Unsere Gesellschaft macht gewaltige Fortschritte in Sachen Informationsverarbeitung, tritt aber ‚sozial' auf der Stelle."
- Community („Gemeinschaft") ist nach Ansicht von Norbert Bolz das Element, das Menschen verbindet, „wenn geographische Grenzen, Geschichte, Tradition und Nationalstaatlichkeit keine Rolle mehr spielen." Norbert Bolz: „Dieser Begriff verführt zu einer Intim-Perspektive auf Gesellschaft: Man legt nur

noch lokale Maßstäbe an und verklärt das heilige Ghetto." **Seine These** lautet deshalb: „Die Gemeinschaft ist das Opium der Gesellschaft. Zu ihr gehört ja vor allem der Gefühlswert. Man orientiert sich aneinander aufgrund eines Gemeinschaftsgefühls. Community signalisiert Nestwärme, Menschlichkeit, überschaubare Verhältnisse, Tradition, Zugehörigkeit. [...] Gerade weil alle Zeichen auf Globalisierung und Weltkommunikation stehen, brauchen die Menschen kulturelle Reservate der Vielfältigkeit."

- Für Norbert Bolz verwandeln sich Einkaufszentren „in Schauplätze einer Wiederverzauberung der Welt, nach der wir uns gerade deshalb sehnen, weil jede Spur von Magie, Aura, Charisma und Zauber aus unserem aufgeklärten Alltag getilgt sind." Für den Konsumenten soll das Kaufen „ein magisch-religiöses Ritual werden."
- In der Kultur der Festivals, die die Metropolen der Welt heute bieten, sieht Norbert Bolz „Spektakel, Event und Ritual zugleich. Als Spektakel befriedigt es die Schaulust und Neugier; als Event beschwört es die Aura des Einmaligen; als Ritual suggeriert es Sinnstiftung." Das Festival muss als „framing", als Einrahmung des Festes, verstanden werden: „In diesem Rahmen kann man die heimatlosen Gefühle kultivieren."[51]

Um ihr Überleben zu sichern muss, nach Ansicht des Evolutionsbiologen **Hubert Markl**, die Menschheit ihre kulturellen und geistigen Ressourcen ausschöpfen.[52] Nahezu alle globalen Probleme sind im Wesentlichen die Folge einer immer stärker anwachsenden Menschenpopulation und ihrer noch rascher zunehmenden Ressourcenansprüche. Welche Probleme werden sich aus einer drohenden Überbevölkerung ergeben? Hubert Markl nennt dazu **vier Hauptaspekte**:

- Bei einem weiteren Populationszuwachs und noch schneller wachsenden Pro-Kopf-Ressourcenansprüchen werden nicht nur die wichtigsten lebensnotwendigen Ressourcen (Energie, Trinkwasser, Nahrung, Rohstoffe) knapper, sondern es wird auch die Aufnahmefähigkeit der Umwelt für die Abfälle des Menschen, die auf seine Produktions- und Lebensweise zurückzuführen sind, an ihre Grenzen stoßen.
- Trotz aller Forschungs- und Entwicklungserfolge wird die Menschheit auch zukünftig von der Produktivität ihrer natürlichen Lebenspartner abhängen. Jedoch werden die Menschen mit ihnen immer mehr unter Krankheitserregern und Parasiten zu leiden haben, die sich unter dem Evolutionsdruck selbst „innovativ" weiterentwickeln.
- Die demographischen Veränderungen der Menschheit (immer mehr alte, versorgungsbedürftige Menschen müssen von immer weniger jungen Menschen durch deren Arbeitsleistungen mitversorgt werden) werden zukünftig die Sozialversicherungssysteme aller Nationen schwer belasten.
- Da bei schwindendem Bevölkerungsanteil an jungen Menschen im Hinblick auf die unverzichtbare Begrenzung des weltweiten Bevölkerungszuwachses der „innovative, jugendliche Zustrom" an Menschen geringer wird, müssen sich die Bildungs- und Ausbildungssysteme aller Nationen auf diese Herausforderungen einstellen. Dazu bieten sich folgende Strategien an: Aktivierung aller „Talentressourcen" in der eigenen Bevölkerung und zugleich offen sein für den Zustrom von aktiven Menschen aus Ländern, in denen der Bevölkerungszuwachs noch anhält.

Die **Grenzen des Wachstums menschlicher Populationen** zeigen sich auch dadurch, dass die Lebensbedingungen durch Dichtestress und Aggression in überbevölkerten Ballungsräumen immer inhumaner werden. Oft sind mehr Millionen Menschen auf engstem Raum zusammengedrängt, als sonst ganze Staaten an Bevölkerungen haben. Das Leben in Großfamilien und Sippen vermag noch eine Zeitlang aggressionsdämpfend zu wirken. Doch gibt es **krisenhafte Anzeichen** für die Zunahme von Brutalität und Kriminalität unter den extremen sozioökonomischen Belastungen, zerfallenden Sozialstrukturen und chaotischen Modernisierungstendenzen inmitten von Elend und Dreck. Mit steigender Individuendichte, und dies gilt auch für entwickelte Länder, steigen nicht nur Kindersterblichkeit und Infektionskrankheiten an, sondern auch seelische Störungen, wie Selbstmordrate, Jugendkriminalität und Geisteskrankheiten (nach Bernd Lötsch, 1993).[53]

Nebenbei bemerkt: Trends im Informations- und Globalisierungszeitalter

Tendenzen der Auflösung im Hinblick auf

- Vorindustrielle Gesellschaften in Richtung von Industriegesellschaften
- Militärische Blöcke
- Den Zerfall traditioneller sozialer Systeme innerhalb der Industriegesellschaften
- Den Zerfall von Gemeinschaftswerten zugunsten von Individualwerten mit der Folge einer Entwicklung vom „Wir-bezogenen-Denken“ zum „Ich-bezogenen-Denken“

Annäherung an Grenzen der globalen Tragfähigkeit

- Bevölkerungswachstum
- Unverhältnismäßig hohe Nutzung von Ressourcen
- Umweltzerstörung

Vernetzung und Vereinheitlichung

- Weltweite Verkehrssysteme
- Weltweite Kommunikationssysteme
- Weltweiter Handel mit Waren und Dienstleistungen
- Weltweite Vereinheitlichung von Alltagskulturen

Globale Polarisierungstendenzen

- Ökonomische Polarisierung zwischen dem Norden und dem Süden der Erde („Nord-Süd-Gefälle“)
- Weltanschauliche, religiöse Polarisierungen, z.B. zwischen dem Christentum und dem Islam und anderen Weltanschauungen
- Aus- und Einwanderungsländer
- Zunahme an „Megastädten“ auf allen Kontinenten

Beschleunigung der kulturellen Veränderungsgeschwindigkeiten im Hinblick auf

- Wissenschaftliche Erkenntnisse und technologische Entwicklungen
- Soziale Werte und Verhaltensmuster
- Konsummöglichkeiten und Konsumformen
- Den Zuwachs neuer Wahrnehmungen und Erfahrungen, die in das herrschende Weltbild nicht integrierbar sind
- Den Verlust der Fähigkeit, mit der Reizüberflutung und dem Übermaß an Stress umzugehen

Lebenslanges Lernen ist zwingend erforderlich, da sich die Menschen in einer globalisierten Lebensgemeinschaft auf verschiedene Kulturen, Religionen und Sprachen vorbereiten müssen. Einen hohen Rang wird die soziale Kompetenz einnehmen. Ganz entscheidend wird aber die Lernkompetenz sein. Eine **modern ausgerichtete Bildung** ist erforderlich, um Menschen auf ein Leben in einer offenen Weltgemeinschaft vorbereiten zu können. In Verbindung damit sollte **nicht nur rezeptives Lernen** vermittelt werden, sondern in hohem Maße auch **kreatives Lernen**. Außerdem sollte die Erkenntnis umgesetzt werden, dass die Förderung von Kommunikation innerhalb von Lern- und Arbeitsgruppen die Kreativität fördert. Denn gemeinsam lassen sich Probleme besser erkennen und lösen – ein Prinzip, das schon unsere frühzeitlichen Vorfahren erfolgreich angewandt haben. Für die Menschen im Zeitalter der Globalisierung wird in Zukunft lebenslanges Lernen **die Norm** sein.

Im Hinblick auf Kommunikation sind für den Spracherwerb individuelle, soziale und kulturelle Faktoren sehr entscheidend. Die Sprachwissenschaftlerin **Ewa Dabrowska** konnte nachweisen, dass sprachliche Defizite aus den ersten Lebensjahren kaum noch kompensiert werden können und die späteren Sprachmöglichkeiten als Erwachsene einschränken.

Zum Nachdenken: Hat die Moderne noch eine Zukunft?[54]

Während die Menschen der „klassischen Moderne" noch weitgehend das Gefühl hatten, ihre Identität in einer gerichteten Zeit stabilisieren zu können, geht für die Menschen gegenwärtig das „Gleichgewicht zwischen Beharrung und Beschleunigung" verloren. Für den Soziologen ***Hartmut Rosa*** *ist es die Zeit selbst, die sich „entzeitlicht". Die Menschen entscheiden nicht mehr unter dem Gesichtspunkt „zeitstabiler Werte", sondern die Menschen bestimmen ihre Handlungsziele „im Vollzug der Handlung, also in der Zeit selbst". Seit dem Ende der Achtzigerjahre des letzten Jahrhunderts erweisen sich Nationalstaaten als eine Behinderung der globalen Beschleunigung. Sie sind hoffnungslos überfordert, die Ströme aus Geld, Handelswaren und Informationen zu synchro-*

nisieren. Für Hartmut Rosa geht das Projekt der Moderne insgesamt zu Ende. ***Begründung****: Das Projekt der Moderne rechnete noch mit der gerichteten Zeit. Nach seiner Auffassung „verzeitlicht" sich in Wirklichkeit die Geschichtszeit zur „richtungslosen Dynamik" und macht die Idee des Fortschritts zur Erinnerung. Nach Hartmut Rosa leben die Menschen im Zeitalter des simultanen Nebeneinanders von Despotie und Demokratie, Staatenbildung und Staatenzerfall, Kolonisierung und Entkolonisierung. Dass ein neues Gleichgewicht gelingt, hält Hartmut Rosa für unwahrscheinlich.*

Moderne Gesellschaftsformen weisen Risikofaktoren auf

Die Bemühungen des Menschen, eine stärkere Humanisierung des Lebens durch Technik zu erreichen, richten sich ganz im Gegenteil gegen seine biologische Natur. Die hochtechnisierte Welt, in der wir leben, die wir aber auch so gewollt haben, ist durch ein Wechselspiel der Kräfte entstanden. Auf der einen Seite befindet sich der Mensch mit seinem Drang, Neues zu entdecken und zu entwickeln. Auf der anderen Seite steht die Umwelt mit ihren Herausforderungen, die sie an den Menschen stellt.

Welche **Fähigkeiten** werden **in der Zukunft** in einer global ausgerichteten Lebenswelt wichtig sein? Die Vertreter des Homo sapiens sapiens müssen sich auf verschiedene Kulturen, Religionen und Sprachen vorbereiten. Einen hohen Stellenwert wird **die soziale Kompetenz** einnehmen. Ganz entscheidend wird aber **die Lernfähigkeit** sein. Denn für das unfertige Lebewesen Mensch wird in Zukunft lebenslanges Lernen die Norm sein. Wichtig ist zu wissen, dass die Gemeinsamkeiten von Menschen über kulturelle, sprachliche und ethnische Grenzen hinweg sehr viel größer sind als die Unterschiede.

Das Zusammenleben in „multikulturellen Gesellschaften" kann aber nur dann gelingen, wenn die kulturellen und intellektuellen Ressourcen ihrer Mitglieder in gegenseitigem Verständnis und zum Nutzen aller eingebracht werden.

Eine selbstlose Gesellschaft nach sozialistischem bzw. kommunistischem Muster lässt sich nicht verwirklichen. Dies gilt auch für den Superkapitalismus

Eine Begründung dafür, **dass Sozialismus nicht funktionieren kann**, liefert der Primatologe **Frans de Waal** aus evolutionärer Sicht, nämlich, „weil seine ökonomische Belohnungsstruktur der menschlichen Natur zuwiderläuft. Trotz intensiver Indoktrination sind Menschen nicht bereit, ihre eigenen Ansprüche und die ihrer direkten Familie für das Gemeinwohl aufzugeben. Aus gutem Grund: Moral hat nämlich gar nichts mit Selbstlosigkeit zu tun. Im Gegenteil: Eigennutz ist geradezu der Ausgangspunkt des kategorischen Imperativs."

Auf die Frage, **ob Kapitalismus das geeignetere Modell** für menschliches Zusammenleben **darstellt**, meint de Waal: „Ein System, das nur auf Wettbewerb beruht, bringt ebenfalls große Probleme mit sich. Das sieht man in den USA, wo den Kräften des Marktes allzu freier Lauf gelassen wird. Es ist ein Balanceakt: Das Konkurrenzdenken liegt uns genauso im Blut wie das Einfühlungsvermögen (Empathie). Ideal erscheint mir ein demokratisches System mit sozialer Marktwirtschaft, weil es beiden Tendenzen Rechnung trägt."

Bei einer **gegenwärtigen Weltbevölkerungszahl** von 7,92 Milliarden Menschen auf der Erde (Stand Januar 2022) treten die signifikanten **acht Problembereiche** für die Menschen immer deutlicher hervor. Sie werden in der nachfolgenden Übersicht aufgezeigt sowie dazu Vorschläge für Lösungsstrategien.

Die acht Problembereiche für die Weltbevölkerung

- Kategorie 1: Überbevölkerung
- Kategorie 2: Urbanisierung versus Steinzeitpsyche des Menschen
- Kategorie 3: Umweltzerstörung, anthropogener Klimawandel
- Kategorie 4: Wachsende Kluft zwischen Arm und Reich, globale Völkerwanderungen
- Kategorie 5: Kriege, terroristische Anschläge sowie Konflikte zwischen den Weltreligionen
- Kategorie 6: Ein politisch-ideologisch ausgerichtetes Menschenbild
- Kategorie 7: Ungleichheit bei der Verteilung von Lebenschancen
- Kategorie 8: Anfälligkeit des Immunsystems der Menschen

Vorschläge für Lösungsstrategien zu den acht Kategorien

- Kategorie 1: Notwendigkeit aktiver Bevölkerungskontrollen
- Kategorie 2: Ökologisierung urbaner Ballungsräume in Form von „Ökostädten"
- Kategorie 3: Ökologische Nachhaltigkeit: „In einer Generation so viel entnehmen, wie in der gleichen Zeit nachwachsen kann."
- Kategorie 4: Wissenstransfer in Entwicklungsländer, damit diese betroffenen Länder „Hilfe durch Selbsthilfe" erhalten. Intelligente Integrationsleistungen vollbringen. Eine „Wir-Kultur" statt einer „Ich-Kultur" praktizieren

- Kategorie 5: Eine Gesellschaft vorbereiten auf verschiedene Kulturen, Religionen und Sprachen. Bewusstmachung: „Die Gemeinsamkeiten von Menschen sind sehr viel größer als deren Unterschiede.
- Kategorie 6: Ein Weltmodell „ökologische Ethik“ anstreben, das auf praktischer Vernunft und globaler Konsensfähigkeit beruht. Von einem Menschenbild ausgehen, das unseren stammesgeschichtlichen Wurzeln gerecht wird. Entwickeln von sozialpolitischen Langzeitstrategien
- Kategorie 7: Förderung von Bildungs- und Ausbildungssystemen weltweit. Ausschöpfen von kulturellen Leistungspotentialen
- Kategorie 8: Ausbau der Grundlagenforschung

Übrigens

Nach einer UN-Prognose wird die Zahl der Menschen auf der Erde im Jahr 2100 vermutlich 11 Milliarden betragen. Das würde bedeuten, dass sich innerhalb von 200 Jahren (im Jahr 1900 lebten schon mehr als 1,6 Milliarden Menschen auf der Erde) die Größe der Weltbevölkerung versiebenfacht hat.

Die biologische Zukunft von Homo sapiens sapiens

Bei den Diskussionen um die biologische Zukunft des anatomisch modernen Menschen wird immer wieder darauf hingewiesen, dass medizinischer und technischer Fortschritt einen erheblichen Beitrag dazu leisten. Medizinischer Fortschritt bedeutet beispielsweise, dass sich auch Menschen fortpflanzen können, „die noch vor 200 Jahren an Krankheiten gestorben wären, gegen die es heute Rezepte gibt. Therapien sind ein tiefer Eingriff in die Mechanismen der Evolution.“[55] Denn nach Ansicht des australischen Evolutionsbiologen **Darren Curnoe** hat die biologische Evolution des Menschen nicht mit der Steinzeit aufgehört.

Die Anthropologin und Humangenetikerin **Gisela Gruppe** von der Universität München stützt die Ansicht ihres australischen Fachkollegen. Ihrer Ansicht nach kann aber nicht darüber spekuliert werden, welche konkreten Veränderungen am Körperbau des Menschen durch die Evolution künftig hervorgebracht werden. Denn „Evolution ist grundsätzlich nicht vorhersagbar.“, so Gisela Gruppe. Man muss sich auf die Daten stützen, die die wissenschaftliche Forschung herausgefunden hat. Gisela Gruppe weist weiterhin darauf hin, dass das menschliche Genom zahlreiche Hinweise auf genetische Veränderungen beinhaltet. So lässt sich anhand des Genoms belegen, dass sich **seit Beginn der Neolithischen Evolution** die kulturelle Evolution signifikant beschleunigt hat.

Wissenswert

Die Untersuchungsmethoden, mit deren Hilfe heutzutage Wissenschaftlerinnen und Wissenschaftler die „Signatur“ dieses einschneidenden Wechsels im menschlichen Erbgut entschlüsseln können, arbeiten schnell und liefern genaue Daten. Mit moderner Computertechnologie rechnet man zurück, wann welche Mutationen (Veränderungen des Erbgutes) im Genom von verschiedenen Menschengruppen aufgetreten sind und bei welcher Menschengruppe sie sich durchgesetzt haben. Man kann es auch folgendermaßen formulieren: Inzwischen lesen Wissenschaftlerinnen und Wissenschaftler in der DNA nahezu wie in einem Buch.

Mit dem neuen Lebensstil der Sesshaftigkeit nahm die Anzahl der Menschen auf dem Planeten Erde unaufhörlich zu, „mit entsprechend vielen Mutationen im Gen-Pool des Menschen“, wie der australische Evolutionsbiologe **Darren Curnoe** zum Ausdruck bringt.[56] Es lag also genug „genetisches Rohmaterial" vor, damit die Mechanismen der Evolution wirksam werden konnten.

Welche **Faktoren des Selektionsdruckes** könnten sich zukünftig auf die Menschen auswirken? **Darren Curnoe** zählt dazu folgende, denkbare Faktoren:[57]

- Klimawandel mit steigenden Temperaturen, Wetterextremen, möglichen Nahrungskrisen und Wassermangel
- Missbrauch von Antibiotika in immer größer werdenden Beständen von Nutzvieh
- Ausbreitung von Insekten, die Krankheitserreger übertragen
- Zunehmende Umweltverschmutzung, die größere Mengen von Chemikalien in Luft, Wasser und Nahrung mit sich bringt.
- Ein Lebensstil mit wenig körperlicher Bewegung, der verstärkt auf technische Aktivitäten setzt.

Darren Curnoe weist auf einen Evolutionsmechanismus hin, der immer stärker in den Focus der Evolutionsforschung gerät: die **Epigenetik**. Es lässt sich wissenschaftlich nachweisen, dass chemische Signale an der Doppelhelix-Struktur der DNA bestimmen, welche Gene abgelesen werden. Aktuelle Forschungsergebnisse belegen, dass epigenetisch bedingt genetische Veränderungen durch Umweltbedingungen und kulturelle Prozesse herbeigeführt und an die nächste Generation weitergegeben werden können.

Bemerkenswert
*Für den Wissenschaftler **Darren Curnoe** ist die Evolution des Menschen ein Gemenge aus natürlicher Selektion, kulturellen Prozessen und Epigenetik.*

Die Wissenschaftlerin ***Gisela Gruppe*** *hebt hervor, dass die Menschen die natürliche Evolution beeinflussen und durch ihre Kulturformen einen neuen Selektionsdruck aufbauen. Das bleibt nicht ohne Wechselwirkungen.*

Für den Evolutionsbiologen ***Kevin Laland*** *(schottische Universität St. Andrews) könnte die* ***parallele Gen-Kultur-Evolution*** *sogar der vorherrschende Mechanismus in der jüngsten menschlichen Evolution sein und damit auch in der* ***zukünftigen*** *menschlichen Evolution.*

Wirtschaftspolitische Globalisierung – die Entwicklung zu einer 20:80-Gesellschaft[58]

Als sich in den 1990er Jahren die digitale Revolution und die Globalisierung als richtungsweisende Entwicklungen zum „Vorteil für die Weltbevölkerung" zu erweisen schienen, wurden diese Prozesse nicht nur begeistert aufgenommen, sondern es mehrten sich auch kritische Stimmen. Zukunftsforscher sagten zu diesem Zeitpunkt eine Entwicklungstendenz in eine „20:80-Gesellschaft" voraus. Ihrer Meinung nach würden nur 20 Prozent der arbeitsfähigen Bevölkerung auf diesem Planeten Erde im 21. Jahrhundert ausreichen, um die Weltwirtschaft auf dem Laufenden zu halten.

Man war sich darüber einig, dass ein Fünftel aller Arbeitswilligen genüge, um die Waren und Dienstleistungen zu erbringen, die sich die Weltgemeinschaft leisten könne. Diese 20 Prozent würden hervorragend verdienen, wohingegen die restlichen 80 Prozent wirtschaftspolitisch betrachtet im Prinzip überflüssig seien. Dieser hohe Anteil an arbeitsfähigen Menschen müsste aber ausreichend ernährt und permanent unterhalten werden. Die Ära des „Massenwohlstandes“, so war der allgemeine Tenor, sei lediglich „ein Wimperzucken in der Geschichte der Ökonomie“ und habe sich historisch überlebt.

Das sollte zu denken geben

Da die Ursachen für solch eine Entwicklung zu einer 20:80-Gesellschaft weniger im globalen Handel, als vielmehr im technischen Fortschritt liegen, wird eine Weltwirtschaftskrise wie ein Beschleuniger auf solch eine Entwicklungstendenz einwirken. Wirtschaftspolitische Konzepte, wie eine Gesellschaft mit einer bevorstehenden Massenarbeitslosigkeit umgehen soll, gibt es allerdings nur wenige. Weder Politik noch Wirtschaft scheinen ein Interesse daran zu haben, sich jetzt schon mit den Fragen der Zukunft auseinanderzusetzen. Mit den Fragen „Werden wir zukünftig in einer Gesellschaft mit Massenarmut und Chaos leben, oder können wir zukünftig in einer Gesellschaft leben, in der sich die von der Arbeit befreiten Menschen individuell entfalten können?“ hätte man sich sozial-politisch schon längst beschäftigen müssen.

Doch werfen wir zunächst einen Blick zurück: Im September 1995 traf sich die damalige „globale Elite“ im Hotel Fairmont in San Franzisco, Kalifornien. Eingeladen hatte die **Gorbatschow-Foundation** 500 führende Politiker, Wirtschaftsexperten und Wissenschaftler aus allen Kontinenten, um über den „Weg ins 21. Jahrhundert“ zu diskutieren (Leitthema der Veranstaltung: „The State oft he World Forum: Toward a New Civilization“). **Hauptdiskussionsthema** der Veranstaltung war die These, nach der im 21. Jahrhundert nur noch 20 Prozent der arbeitsfähigen Bevölkerung [weltweit] ausreichen würden, um die Weltwirtschaft in Schwung zu halten.

Neben **Michael** Sergejewitsch **Gorbatschow** (geb. 1931, ehemaliger Staatspräsident der Sowjetunion) als Gastgeber waren unter anderem anwesend **George** Herbert Walker **Bush** (1924 – 2018, 41. Präsident der Vereinigten Staaten von Amerika), **Margaret Thatcher** (1925 – 2013, ehemalige Premierministerin des Vereinigten Königsreichs), Robert Edward **Ted Turner** (geb. 1938, ein US-amerikanischer Medienunternehmer), **Kurt** Hans **Biedenkopf** (1930 – 2021, ehemaliger Ministerpräsident des Freistaates Sachsen), **Zbigniew Brzezinski** (1928 – 2017, ehemaliger Sicherheitsberater von US-Präsident Jimmy Carter).

Bei dieser Tagung wurde, im Zusammenhang mit der Frage „Wie hält man die arbeitslosen 80 Prozent der Weltbevölkerung gut bei Laune?“, von dem polnisch-stämmigen Teilnehmer **Zbigniew Brzezinski** der Begriff **„Tittytainment“** geprägt, eine Begriffsmischung aus **Tit** („Busen“) und **Entertainment** („Unterhaltung“). Angesprochen wurde dadurch die Funktion des Busens, Milch zu spenden und damit einen Beitrag zur Ernährung zu leisten. In der Wirklichkeit des arbeitslosen Alltages würde das dem relativ preiswerten und reichlich zur Verfügung stehenden Fast Food-Angebotes entsprechen. Die permanente, anspruchslose und stark von sexualisierten Tendenzen beeinflusste und „betäubende“ Unterhaltung wird „rund um die Uhr“ über unterschiedliche Medienkanäle geliefert. Denn, je besser eine Gesellschaft den Zusammenhalt von breiten Bevölkerungsschichten durch eine „Aufrechterhaltung an Lebensqualität“ erhalten kann, desto zukunftsträchtiger wird diese Gesellschaft sein.

Nebenbei bemerkt

Würde man stattdessen große Teile der Bevölkerung vom allgemeinen Wohlstand fernhalten, wären Chaos und Revolution die Folgen. Zu-

dem wird der „ökonomische Kern der modernen Marktwirtschaft" zerstört, denn wenn die Bevölkerungsmassen die hochproduktiv erzeugten Warenangebote und Dienstleistungen nicht mehr nachfragen können, dann kollabiert das entsprechende Wirtschaftssystem.

Übrigens
*Schon „im alten Rom" hatte man versucht, „die ökonomische Schieflage" zwischen reichen und armen Bürgern dieser Stadt, die durch eine ständig wachsende Zahl an Sklaven verstärkt wurde, durch die Großveranstaltungen „Brot und Spiele" (**Panem et Circenses**) im Amphitheater zu entschärfen. Was früher „im alten Rom" die Sklaven waren, sind heute die Maschinen, was „Brot und Spiele" waren, sind heute in Deutschland Arbeitslosenunterstützung und private Fernsehkanäle, was sich früher in Amphitheatern abspielte, erfolgt heute in den großen Sportstadien.*

Als Urheber der These von einer „20:80-Gesellschaft" gilt der US-amerikanische Ökonom **Jeremy Rifkin**. In seinem Buch „Das Ende der Arbeit" hatte er die Folgen des technischen Fortschritts analysiert und dabei zu dem Schluss kam: Die Arbeit schafft sich selbst ab. **Seine Begründung**: „Die fortschreitende Rationalisierung der Prozesse im Produktions- und Dienstleistungsbereich und der weltweite Einsatz der Informationstechnologien führen zu einem Produktivitätsschub, der viele Millionen Arbeitsplätze überflüssig macht. Die kapitalistische Logik, nach der technologischer Fortschritt und gesteigerte Produktivität zwar alte Jobs vernichten, dafür aber mindestens genauso viele neuen schaffen würden, halte ich für einen Trugschluss. […] Es ist keine Frage, ob die 20:80-Gesellschaft kommt, sondern wie wir damit umgehen, denn **die Entwicklung ist unumkehrbar** – langfristig wird die Arbeit verschwinden."[59]

Das sollte zu denken geben

„Der Siegeszug der Globalisierung hat nicht nur zu einem weltweiten Wirtschaftsaufschwung beigetragen, sondern auch zu Renditeerwartungen, die in vielen Bereichen der Wirtschaft bei der gegebenen Marktsituation nicht mehr erreichbar sind. Wer mit der hoch produktiven Wirtschaftsleistung nicht mithalten kann, wird sein Produkt oder seine Dienstleistung nicht mehr verkaufen können. Diese Entwicklung ist nicht eben neu – ganze Berufszweige sind von der Bildfläche verschwunden, weil sie von der Produktivität in anderen Bereichen verdrängt wurden.“[60]

Nach Ansicht von **Theo Sommer** (geb. 1930, von 1973 – 1992 Chefredakteur der Wochenzeitung DIE ZEIT) kann es nicht die Erfüllung des Menschen sein, „jeden Tag dieselbe stupide Tätigkeit auszuführen. Warum sollten Menschen tagaus tagein dieselben Handgriffe in einer Produktionsstraße ausführen oder dieselben Fragen am Telefon beantworten, wenn dies auch Maschinen tun können? Die gewonnene Freizeit könnte endlich sinnvoll genutzt werden. Das eigentliche Problem der Arbeitslosigkeit ist nicht sie selbst, sondern ihre **Finanzierbarkeit**.“

Da keine Politikerin oder kein Politiker ihrer Wählerschaft erzählen wollen, dass zukünftig Arbeitsmöglichkeiten verschwinden werden, hat sich nach Erkenntnissen von Jeremy Rifkin die Politik zu **„drei Pseudotheorien“** entschlossen, um damit diese Entwicklung gegenüber der Wählerschaft „verschleiern“ zu können:

- Unser Land verliert Arbeitsplätze, weil die Unternehmen aus Kostengründen die Arbeitsstellen in das preisgünstigere Ausland verlagern.
- Wir haben ein großes Angebot an Arbeitsmöglichkeiten, allerdings sind die Bewerber um die Arbeitsplätze nur nicht richtig ausgebildet, d. h. unzureichend qualifiziert.

- Wir haben in unserem Land zu wenige Arbeitsstellen-Angebote, weil die Sozialabgaben zu teuer sind.

Für den Ökonom Jeremy Rifkin sind alle drei Argumente absurd.

Für die zukünftige wirtschaftliche Entwicklung einer Gesellschaft bedeutet das, dass eine 20:80-Gesellschaft nur dann existieren kann, wenn die 80% der Arbeitslosen durch eine breit angelegte Verteilung des Wohlstandes am gesellschaftlichen Leben teilhaben können. Eine **wirtschaftspolitische Lösungsstrategie** könnte sein: Ein bedingungsloses Grundeinkommen für die betroffene Klientel. Es ist nicht die Frage, ob ein solches bedingungsloses Grundeinkommen umgesetzt wird, sondern in welcher Form und in welcher finanziellen Höhe dies erfolgt.

Das Ende der Politik von Nationalstaaten[61]

Die Euro-Krise (eine vielschichtige Krise der Europäischen Währungsunion ab dem Jahr 2010, die eine Staatsschuldenkrise, eine Bankenkrise und eine Wirtschaftskrise umfasst), die Welt im Schuldendilemma, launische Börsenkurse – all das irritiert in hohem Maße Nationalstaaten. Doch deren Politik ist schon seit langem zu langsam, zu unflexibel geworden, um mit diesen beispielhaft hervorgehobenen Entwicklungen, die sich global auswirken, Schritt halten zu können.

Es muss darauf hingewiesen werden, dass die Dominanz, die Nationalstaaten seit etwa 2000 Jahren und vor allem seit dem Westfälischen Frieden von 1648[62], genossen haben, in ihrer Bedeutung abnimmt. Ein sich „global entgrenzender Kapitalismus“ bringt Ströme („flows“) hervor, die nationale Begrenzungen relativ leicht überschreiten, aber durch staatliches Handeln immer schwerer einzurahmen und zu kontrollieren sind.

Beispiele für solche „flows" sind:

- Finanz- und Kapitalströme
- Migrationsströme von Menschen aus allen Teilen der Welt, die unterschiedliche Migrationsrouten zu Wasser und auf dem Land wählen.
- Ströme von Inhalten, sowohl Informationen aus dem Internet, als auch Unterhaltungsströme in Form von Musik, Filmen, „Seifenopern" (soaps), soziale Netzwerke

Auch im Hinblick darauf stoßen nationale Regierungen im wahrsten Sinne des Wortes an ihre Grenzen.

Warum **die Politik** der Nationalstaaten **immer schwächer wird**, lässt sich durch die **fünf** folgenden **Argumente** zum Ausdruck bringen:

- Die Herausforderungen an nationale Politik werden immer komplexer, während die nationale Politik immer kurzatmiger und unterkomplexer reagiert.
- Nationale Politik wird immer stärker von sachfremden Aspekten definiert, wie zum Beispiel Medienberichten, Wahlzyklen und innenpolitische Befindlichkeiten unterschiedlicher Formen.
- Nationale Politik läuft den wirtschaftlichen und sozialen Problemen immer „atemloser" hinterher und die Halbwertzeit von „Reformen" wird immer kürzer.
- Repräsentative Demokratien verstricken sich in endlose und oftmals uneffektive Abstimmungsprozeduren.
- Nationale Politik ist zunehmend auf einen „Überlebensmodus" eingestellt und nicht mehr auf das Lösen von strukturellen Problemen.

Im Hinblick auf diese fünf Hauptursachen ist es kein Wunder, dass **die demokratische Politik** ein strukturelles Darstellungsproblem hat. Sie stößt, allein schon angesichts der Vielfalt heutiger globaler Probleme und deren internationalen Verflechtungen, immer mehr an ihre Grenzen, so dass sich in der Tat das Ende der demokratischen Politik nähert. Als **eine mögliche Lösungsstrategie** würden sich Zuständigkeitsverlagerungen auf andere Ebenen anbieten, etwa auf Städte. Die alltägliche Erfahrung zeigt, dass sie die eigentlichen Knotenpunkte der „flows" sind und nicht Staaten.

Bildung ist auch zukünftig überlebensnotwendig

Friedrich Wilhelm Christian Carl Ferdinand von Humboldt (1767 – 1835), ein preußischer Gelehrter, Schriftsteller und Staatsmann, gab den Anstoß für die **Neuorganisation des Bildungswesens** im Geiste des **Neuhumanismus** und formte das nach ihm benannte **humboldtsche Bildungsideal**. Darunter verstand **Wilhelm von Humboldt** eine ganzheitliche Ausbildung in den Künsten und Wissenschaften in Verbindung mit der jeweiligen Studienfachrichtung.

Dieses humboldtsche Bildungsideal konnte in der **Zeit der preußischen Rekonvaleszens** (der Wandel Preußens vom absolutistischen Stände- und Agrarstaat zum aufgeklärten National- und Industriestaat) auf ein zu Kräften kommenden Bürgertum setzen und dadurch der Anspruch auf Allgemeinbildung gefördert werden.

Im Zentrum der humboldtschen Bildungsreform stand das **humanistische Gymnasium**. Im Mittelpunkt des Lehrplanes (Curriculum) standen die **Sprachen der klassischen Antike,** nämlich Latein und Altgriechisch sowie das Grundwissen über **Geschichte**

und Philosophie des klassischen Altertums **einschließlich** der Mathematik. Weiterhin waren auch christliche Wertvorstellungen tief im Gymnasium des protestantischen Preußens verankert.

Wissenswert
Naturwissenschaften spielten zur damaligen Zeit eher eine Nebenrolle, gleichermaßen Kunst, Musik und Sport. Die grundlegende Bildung des Menschen sollte damals eine ausschließlich idealistische Erziehung sein, unabhängig von Fragen der beruflichen Verwertbarkeit dieses Wissens.

Wilhelm von Humboldt strebte zwar **eine humanistische Bildung** auch für Kinder aller Schulklassen an, erreichte aber mit seiner Bildungsreform letzten Endes nur die höheren Schulen (die Gymnasien) und Universitäten. Damit wurde fast nur die **bildungsbewusste Ober- und aufstrebende Mittelschicht** erfasst.

Nebenbei bemerkt
Während Wilhelm von Humboldt unter „Bildung" die Entfaltung der persönlichen Fähigkeiten und Talente verstand, legt die heutige Gesellschaft weniger auf Fähigkeiten des Menschen an sich Wert als auf spezifische, überprüfbare Leistungen, die man nach einem bestimmten Standard festlegt.

Was als **Allgemeinbildung** (Allgemeinwissen, ein Synonym für den Bildungskanon[63]) definiert wird, **hängt stark ab von** dem jeweiligen Land und seiner entsprechenden Kultur, von der Zeitphase, in der man lebt, vom sozialen Umfeld bzw. vom individuellen Wissen. Nach Ansicht des deutschen Erziehungswissenschaftler **Wolfgang Klafki** (1927 – 1016) **umfasst eine Allgemeinbildung** nicht nur Wissen, sondern auch eine **pragmatische** Handlungsfähigkeit, **ethische** Beurteilungsfähigkeit, eine **soziale** Handlungsfähigkeit und eine **ästhetische** Orientierung. **Wolfgang Klafki** hatte seinerzeit die Entwicklung vom umfassenden Bildungsverständnis im Sinne von Wilhelm von Humboldt zum „Bildungskanon" **als einen Verfall** der ursprünglichen humanistischen Bildungsidee ausgelegt.

Allgemeinbildung (Allgemeinwissen) bezeichnet **nach gegenwärtigem Verständnis** die Aneignung eines **Grundbestandes von Wissen**, das oft **der bloßen Information** gleichgesetzt wird, den sich jeder Mensch aneignen sollte. Mit der **Entwicklung der Informationsgesellschaft** beziehungsweise der modernen **Informationstechnik** (IT) nimmt Allgemeinbildung einen neuen Stellenwert ein. **Begründung:** Informationen stehen mit dem Internet in großer Menge schnell zur Verfügung. Es geht nun darum, Techniken der Informations-Recherche zu beherrschen, Informationen bewerten (evaluieren) zu können und in der Lage zu sein, Zusammenhänge zwischen Informationen herzustellen (Medienkompetenz).

Welche Chance haben die Menschen, um auf dem Planeten Erde überleben zu können? Für den Historiker **Yuval Noah Harari** steht die Menschheit „vor nie dagewesenen Revolutionen".[64] Daher sieht er es als zwingend erforderlich an, dass das Bildungssystem neu ausgerichtet wird. **Seine Begründung:** „In den Schulen wird die Fähigkeit zur Interpretation und Einordnung immer wichtiger. Denn es geht buchstäblich um alles: um das Schicksal der Menschheit."[65] Er weist daraufhin, dass im 21. Jahrhundert die Menschen weltweit von Unmengen an Informationen überflutet werden, „und nicht einmal die Zensoren versuchen, diesen Strom aufzuhalten."[66] Stattdessen bemühe man sich eifrig, **Falschinformationen** [Fake

News] zu verbreiten oder die Menschen in aller Welt **mit Belanglosigkeiten** abzulenken.[67]

„Stattdessen benötigen Menschen **die Fähigkeit**, Informationen zu interpretieren, zwischen Wichtig und Unwichtig zu unterscheiden und vor allem viele Informationsstückchen zu einem umfassenderen Bild der Welt zusammenzusetzen. [...] Bei den Entscheidungen, dic wir in den nächsten Jahrzehnten treffen werden, wird es um die Zukunft des Lebens als solchen gehen, und wir können diese Entscheidungen nur auf der Basis unseres gegenwärtigen Weltbilds treffen. Wenn es dieser Generation an einer umfassenden Vorstellung vom Kosmos fehlt, wird über die Zukunft des Lebens nach dem Zufallsprinzip entschieden.“[68]

Nichts fürchten die politisch Verantwortlichen mehr als Wählerinnen und Wähler, die über eine Allgemeinbildung verfügen und **im Sinne des Philosophen Immanuel Kant** handeln: „Habe Mut, dich deines eigenen Verstandes zu bedienen!“[69] Bildung ist nicht nur in der Gegenwart, sondern auch in der Zukunft für die Menschen überlebensnotwendig. Eine pragmatische Umsetzung **dieser Überlebensstrategie** sollten sich alle von uns zum Ziel setzen.

Wir befinden uns bereits in einer Transformationsphase

Auf die Frage angesprochen, ob früher alles besser war, antwortete **Professor Dr. Thomas Druyen**, Direktor und Gründer des Instituts für Zukunftspsychologie und Zukunftsmanagement an der Sigmund-Freud-Privatuniversität in Wien, „das kommt auf die Perspektive an.“[70] Er könne noch so viele Personen befragen, aber der Wahrheit käme er nicht näher. „denn eine allgemeingültige Antwort gibt es nicht, weil durch Alter, Generation, Kultur und Religion der Standpunkt zu dieser Frage immer anders ist."[71]

Professor Dr. Thomas Druyen weist darauf hin, dass die Gestaltung der Welt in den Köpfen von Menschen gemacht ist und die Realität das Ergebnis von menschlichem Handeln ist. Weiter führt er aus: „Wenn wir wollen, dass alles besser wird, brauchen wir Veränderung und die beginnt wiederum bei uns selbst."[72]

Viele neue soziale Entwicklungsformen haben aber auch ihre Schattenseiten. Dies betrifft zum Beispiel die „Beeinflusser" (engl. **Influencer**), die ihre Wirksamkeit über „soziale Netzwerke" ausüben. Jeder Mensch auf der Erde kann über digitale Kanäle, völlig zeit- und entfernungsunabhängig, mit vielen Mitmenschen, als soziale Partnerinnen und Partner, weltweit sprechen und die eigene Ansicht zum Maßstab machen. Die großen **digitalen Bühnen**, die dazu benutzt werden, heißen Facebook, Tiktok, Twitter, Instagram oder You Tube.

Durch dieses Influencer-Phänomen werden aber auch Gesellschaften und deren soziale Werte immer kleinteiliger. Die gemeinsame Realität gibt es kaum noch, jeder Mitmensch hat mehr oder weniger eine eigene Auslegung von richtig und falsch. Daher mangelt es an gemeinsamen Zielen innerhalb einer sozialen Gemeinschaft. Nicht das „Wir-Denken", sondern das „Ich-Denken" steht im Vordergrund. Gleichzeitig aber wird das Leben der Weltbevölkerung auf dem Planeten Erde immer komplizierter und komplexer. Für die großen globalen Herausforderungen scheint es jedoch keine überzeugende Lösungsstrategien zu geben.

Was der Mensch nicht zu leisten vermag, soll die moderne Technologie für ihn leisten. Allerdings ist zu befürchten, dass **die modernen Technologien auf digitaler Basis**, die zum großen Teil im kalifornischen Silicon Valley entwickelt werden, die Gesellschaften auf der Erde grundlegend und einschneidend verändern können. Tatsache ist allerdings, dass wir uns schon in der Transformationsphase befinden.

Der Philosoph **Richard David Precht** betrachtet die Vision des Silicon Valley von der digitalen Zukunft allerdings sehr kritisch.[73] In einem SPIEGEL-Gespräch äußert er:[74]
„Das Silicon Valley folgt dem Menschenbild der Kybernetik. Es sieht den Menschen als einen lernenden Organismus, der als Reflexmechanismus funktioniert, nicht anders als eine Ratte im Labor. Und auf genau die gleiche Weise arbeiten die Leute, die die Algorithmen bei Facebook programmieren. Wenn ich weiß, was dich interessiert, dann werde ich dir immer das empfehlen, was du magst. Auf diese Weise kann ich dir nicht nur deine Wünsche erfüllen, sondern ich kann deine Wünsche steuern. Und das ist die zentrale Erkenntnis der Kybernetik, dass jedes Ding oder Wesen, das vorhersehbar ist, auch steuerbar ist – und genau die findet sich in den Mechanismen des Silicon Valley. Es geht nicht mehr um Entscheidungen, sondern um Reiz und Reaktion, um Problem und Lösung."

Weiterhin führt **Richard David Precht** aus: *„Das Ziel der Digitalisierung besteht darin, so viel wie möglich automatisiert von Maschinen machen zu lassen, von Robotern, durch künstliche Intelligenz. Nicht alles, aber alles, was irgendwie geht. Und wenn man das täte, hätte die Hälfte der heute Beschäftigten keine Arbeit mehr. Da stellt sich erstens die Frage: Wollen die Menschen das über-*

haupt? Und die zweite Frage: Wie würde eine solche Gesellschaft ökonomisch funktionieren? Wir haben da bislang noch keine wirkliche Blaupause."

Verschaffen wir uns einmal einen Überblick darüber, **welche Technologien** und **welche sozial-globale Entwicklungen** vermutlich in absehbarer Zeit signifikante gesellschaftliche Veränderungen hervorrufen werden:

- **Biotechnologie** (Biotechnik, Biotech, bios, gr.: Leben) ist eine interdisziplinäre Wissenschaft, die sich mit der Nutzung von Enzymen (Biokatalysatoren), Zellen und ganzen Organismen im Hinblick auf technische Anwendungen beschäftigt. Zielsetzungen sind unter anderem, mit Hilfe von „Werkzeugen des Lebens", neue und wirksamere Verfahren zur Herstellung von chemischen Verbindungen und von Diagnosemethoden zu entwickeln.
- Die **CRISPR/Cas-Methode** (von engl. **C**lustered **R**egularly **I**nterspaced **S**hort **P**alindromic **R**epeats – gruppierte kurze palindromische [Palindrom=Wort, das auch rückwärts gelesen sinnvoll ist] Wiederholungen mit regelmäßigen Abständen und **C**RISPR-**as**sociated-CRISPR-assoziiertes Protein) stellt eine molekularbiologische Methode dar, um DNA gezielt zu schneiden und zu verändern („Genome Editing"). Mit der angesprochenen Methode können Gene in die DNA eingefügt, aus der DNA entfernt oder ausgeschaltet werden.
- Unter **Digitalisierung** versteht man die Überführung analoger Größen in digitale Werte. Im weiteren Sinn wird unter Digitalisierung auch die Verwendung von primär digitalen Repräsentationen zum Beispiel durch Digitalkameras oder durch digitale Tonaufzeichnungssysteme verstanden. Anwendungsbereiche

unter anderem in der Personenüberwachung und Entwicklung von selbststeuernden Autos. **Vorausgesagt wird**, dass Digitalisierung und globaler Wettbewerb eine „Dynamik des Wandels" hervorbringen können. Für Firmen bieten sich große wirtschaftliche Chancen, wenn sie sich „digitalen Ökosystemen" anschließen. Was versteht man darunter? Ein **digitales Ökosystem** wird definiert als ein System, „in dem eine organisierte Gruppe von Menschen beziehungsweise Unternehmen interagiert. Das Einbringen unterschiedlicher Leistungen und Kompetenzen führt dazu, dass gemeinsam Profit erwirtschaftet wird."[75]

- **Informationstechnik (IT)** ist ein Oberbegriff für die elektronische Datenverarbeitung und die hierzu verwendete Hard- und Software-Infrastruktur. Es lassen sich vier Teilbereiche der IT-Nutzung unterscheiden: (1) **Business-IT** (es umfasst Handel, Börse, Versicherungen, Banken und Steuerwesen); (2) **Industrielle-IT**: Vernetzung der Maschinen in Herstellungs- und Produktionsprozessen innerhalb eines Werkes, zunehmend aber auch über die Werk- und Firmengrenzen hinweg (**Wertschöpfungskette**); (3) **Kommunikations-IT** (Einsatz der Telekommunikation); (4) **Unterhaltungs-IT** (Spielgeräte und Multimedia-Anwendungen)
- **Künstliche Intelligenz (KI, auch artifizielle Intelligenz, AI, genannt)** ist ein Teilgebiet der Informatik, das sich mit der Automatisierung intelligenten Verhaltens und dem maschinellen Lernen befasst.
- **Metaversum** (meta, gr.: zwischen, „jenseits"; Universum): Eine virtuelle Wunderwelt (virtuelle 3D-Räume sind zu einem wahrgenommenen virtuellen Universum verbunden) soll zur nächsten Revolution des Internets werden. Beispiele von Anwendungsmöglichkeiten: Virtuelle Konferenzen, virtuelles Einkaufen.

- **Robotertechnik (Robotik):** Sie befasst sich mit dem Versuch, das Konzept der Interaktion mit der physischen Welt auf Prinzipien der Informationstechnik sowie auf eine technisch machbare Kinetik zu reduzieren. Anwendungsbereich zum Beispiel in der Kriegsführung („Killerroboter“).
- **Zukunftsmedizin:** Mithilfe von Algorithmen, künstlicher Intelligenz und einer Vielzahl an Daten entwickeln Start-ups und Konzerne wie Google, Microsoft, Apple bahnbrechende Therapien und völlig neue Diagnosemöglichkeiten.[76]

Wie digitale Transparenz global die Gesellschaften verändern wird

Was viele Mitmenschen für nicht möglich halten, ist aber mittlerweile zur Wirklichkeit geworden: Die Entwicklung von Lebewesen, die in urzeitlichen Ozeanen stattfand, vermittelt den jetztzeitlichen Menschen auf der Erde Erkenntnisse über die Zukunft von deren Gesellschaften. Da im Zeitalter der digitalen Vernetzung kaum noch etwas im Verborgenen bleiben kann, steht die Menschheit an der Schwelle eines Zeitabschnittes, der das Verhältnis von Öffentlichkeit und Privatleben völlig neu definieren muss.

Aber was hat das alles mit der „Entwicklung des Lebens in urzeitlichen Ozeanen“ zu tun? Dazu müssen wir in der Erdgeschichte gedanklich weit zurückgehen, bis in das **Kambrium**, jene Zeitspanne der Erdgeschichte, die dem Zeitraum von vor 541 bis vor 485,4 Millionen Jahren entspricht. Dieser geologische Zeitraum ist durch eine „explosionsartige Zunahme“ der Lebensformen gekennzeichnet, die sogenannte **„kambrische Explosion“**.

Wissenswert

Als kambrische Explosion, auch kambrische Artenexplosion oder kambrische Radiation genannt, bezeichnet man das fast gleichzeitige erstmalige Vorkommen von Vertretern fast aller heutigen Tierstämme im geologisch „kleinen" Zeitraum von 5 bis 10 Millionen Jahren zu Beginn des Kambriums vor etwa 541 Millionen Jahren. Bemerkenswert ist, dass die grundlegenden Körperbaupläne vieler mehrzelliger Tierstämme, die seitdem die Erde bevölkern, als Fossilien in Gesteinen dieser geologischen Epoche überliefert sind.

Nach einer Vermutung des australischen Zoologen **Andrew Parker** (geb. 1967) wurde dieser „Evolutionsschub" durch eine „plötzliche" Transparenz der urzeitlichen Ozeane ausgelöst („Lichtschaltertheorie", „Light Switch Theory", von Andrew Parker).[77] **Seine Begründung**: Die damals seichten Ozeane und die Atmosphäre wurden durch plötzliche geochemische Veränderungen viel lichtdurchlässiger. Sobald Sonnenlicht das Wasser durchdrang, erwies sich Sehkraft zum entscheidenden Evolutionsvorteil. Daher waren weithin sichtbare tierliche Organismen gezwungen, auf der Grundlage von für sie günstigen Mutationen, sich durch Panzer, Tarnung und Täuschungsstrategien an die neue Umwelt anzupassen.

Dies kann ein Grund dafür sein, warum mit der relativ schnellen Entwicklung der Sehorgane Augen auch entsprechend angepasste Verhaltensweisen und besondere körperliche Erscheinungsformen entstanden sind. Parallel dazu entwickelten sich Wahrnehmungsformen und Bewegungsformen. Diese **Koevolution** war ein Hauptgrund für die Entstehung der heutigen Artenvielfalt.

Andrew Parker's „Lichtschaltertheorie" kann der Schlüssel zum Verständnis eines neuzeitlichen Phänomens sein, nämlich die **Aus-**

breitung der Digitaltechnik. Das bedeutet, dass zukünftig Staaten, Firmen und Einzelpersonen neuartige Datenschutzmechanismen entwickeln müssen.

Nebenbei bemerkt
Eine digitale Transparenz wird mit der Zeit völlig neue Organisationsformen hervorbringen. Auf Dauer haben nur Systeme eine Chance, die sich schnell und flexibel an die Erfordernisse des Datenschutzes anpassen können.

Das Internet verschafft jedem Individuum durch die sozialen Medien globale „Kommunikationswerkzeuge". In der digitalen Welt erzeugen Unternehmungen wie YouTube, Facebook, Twitter, Tumblr, Instagram, WhatsApp und Snapchat neue Medien, die Telefon und Fernsehen Konkurrenz machen. Beeindruckend ist **die Geschwindigkeit**, mit der diese Medien auf den Markt gebracht werden. Wenn man bedenkt, dass früher Ingenieure oftmals Jahrzehnte brauchten, um Telefon- und Fernsehnetze zu entwickeln und für die Bevölkerung verfügbar zu machen, so hatten die Mitglieder einer Gesellschaft aber genug Zeit, sich diesen neuen Medien anzupassen.

Das heute praktizierte **enorme Innovationstempo** zur Entwicklung von neuen „Kommunikationswerkzeugen" lässt Institutionen keine Zeit, sich an ein Medium anzupassen, bevor schon das nächste Medium auftaucht.

Man kann sicher davon ausgehen, dass den Organisationen und Institutionen einer Gesellschaft **durch die digitale Transparenz** tiefgreifende Veränderungen bevorstehen. Regierungen, Armeen, Kirchen, Universitäten, Banken und Firmen haben sich bis jetzt oftmals in einem relativ „trüben Erkenntnismilieu“ entwickeln können, in dem das meiste Wissen lokal begrenzt blieb und Geheimnisse leicht im Verborgenen blieben. Wenn diese Einrichtungen plötzlich in hellem Licht stehen, sind sie gezwungen, auf die neue Transparenz zu reagieren oder sie unterliegen im Konkurrenzwettbewerb.

Kleine Gruppen von Menschen mit gleichen Werten, Überzeugungen und Zielsetzungen, die sich im Fall einer Krisensituation schnell absprechen können, werden sicherlich mit der neuen digitalen Transparenz am besten zurechtkommen. Man könnte solche flexiblen Organisationen, um sie von großen hierarchisch gegliederten und schwerfälligen Bürokratien zu unterscheiden, **„Adhokratien“** nennen.[78] Wenn die Zwänge der wechselseitigen Transparenz weiter zunehmen, werden sich vermutlich neuartige Organisationsformen entwickeln, die viel dezentraler, aber dafür effektiver arbeiten, als es heutige Organisationen oftmals tun. Durch den **Selektionsdruck** werden sicherlich kleinere Gebilde eher überleben als Großorganisationen.

Epilog

Hat der anatomisch moderne Mensch noch eine Zukunft auf der Erde?

Johann Wolfgang von Goethe (1749–1832) war skeptisch, was die Zukunft des Menschen betrifft. Denn für ihn ist „der Mensch [...] zu einer beschränkten Lage geboren; einfache, nahe, bestimmte Zwecke vermag er einzusehen, und er gewöhnt sich, die Mittel zu benützen, die ihm gleich zur Hand sind; sobald er aber in's Weite kommt, weiß er weder was er will, noch was er soll". Die gegenwärtige globale politische und wirtschaftliche Situation ist im Hinblick auf das Handeln von Menschen Anlass genug, um kritisch und skeptisch zu bleiben. In einer **immer komplexeren und damit komplizierteren Welt** verliert der Mensch von heute zunehmend die Übersicht und damit die Kontrolle über Systeme seiner Lebensbereiche, die ihm sein Gehirn ermöglicht hat. Die Evolution hat aber den Menschen nicht befähigt, das System „Planet Erde" durch Selbstkontrolle, durch Selbsteinschränkung oder sogar durch eine umfassende Verantwortung der Biosphäre gegenüber zu steuern.[79]

Im Fokus des Weltgeschehens stehen gegenwärtig unter anderem **geographische Regionen**, die für die biologische und kulturelle Evolution des Menschen von grundlegender Bedeutung waren: Afrika sowie der Nahe und Mittlere Osten. Sie haben sich mittlerweile durch die Auswirkungen eigennütziger Interessenpolitik von Kolonialmächten im Verlauf der Neuzeit und bedingt durch religiöse Strömungen und damit verbundener Konflikte zu Spannungsgebieten mit einem enormen Gefahrenpotential für die Menschheit entwickelt. Das Schicksal des afrikanischen Kontinents und des

Nahen und Mittleren Ostens steht eng in Verbindung mit der **kulturhistorischen Sichtweise der Europäer**, nämlich dass sie eine kulturelle und wirtschaftliche Dominanz gegenüber anderen Kulturen haben. In diesem Bewusstsein leben die Europäer seit Jahrhunderten. Sehr lange sahen sich die Europäer als Völker, die die Welt bestimmen. Dazu äußert sich der Verleger und Publizist **Wolfram Weimer**: „Dieses Grundgefühl der eigenen Suprematie wurde zunächst getragen vom Machtanspruch des römischen Imperiums, später vom mittelalterlichen Sendungsbewusstsein, schließlich vom kolonialen Gestaltungsanspruch der Neuzeit. Zu jeder Epoche fühlten sich Europäer allen anderen Zivilisationen überlegen“.[80] Die Auswirkungen des **Eurozentrismus** zeigten sich sehr deutlich in Afrika sowie im Nahen und Mittleren Osten. Die dort lebenden Menschen hatten sich über große Zeiträume hinweg einer ursprünglichen Umwelt gegenüber optimal angepasst und entsprechend eigene Kulturen entwickelt. Von den europäischen Eroberern wurden beispielsweise die afrikanischen Ethnien als „gottlose und unzivilisierte Wesen“ angesehen. Die Folge: Sie wurden unterdrückt, versklavt und gezwungen, sich den Vorgaben der Kolonialherren zu fügen.

Seit Jahrhunderten schon wird der afrikanische Kontinent wirtschaftlich rücksichtslos von außerafrikanischen Interessengruppen ausgebeutet. Den Afrikanern ist kaum jemals die Chance gegeben worden, ihre Zukunft selbst bestimmend zu gestalten und den Reichtum Afrikas auch für sich zu nutzen. Der afrikanische Philosoph und Bioethiker **Godfrey Tangwa** (Universität Yaounde in Kamerun) kritisiert das westliche Denken, das seiner Meinung nach „besessen ist vom Drang, seine Werte weltweit durchzusetzen“.[81]

Mit Beginn der **Sesshaftigkeit im Neolithikum** nahm die innerartliche Aggression des Menschen zu. Je größer die menschlichen Sozialverbände wurden und sich hierarchische Gesellschaften mit festen Strukturen bildeten, umso mehr Macht wurde nach innen und außen ausgeübt. **Kriegerische Auseinandersetzungen** erwiesen sich als wirksame Strategien für Land- und Ressourcengewinne. Um begreifen zu können, warum die Menschen der Weltgemeinschaft auch heutzutage nicht friedlich miteinander leben können, müssen wir uns mehr mit unserer eigenen stammesgeschichtlichen Entwicklung auseinandersetzen. Dazu muss man wissen, dass den Menschen eine Reihe von Ähnlichkeiten mit den Menschenaffen verbindet, die eine direkte Folge der engen Verwandtschaft auf Grund der gemeinsam durchlaufenen Stammesgeschichte sind. Dies betrifft nicht nur die meisten körperlichen Merkmale, sondern auch viele Verhaltensweisen. **Das bedeutet**: „Der Mensch ist körperlich, sozial-emotional und geistig als ein Produkt der Primatenevolution zu begreifen“.[82]

Im Hinblick auf das menschliche Gehirn äußert sich der Ethnologe (Völkerkundler) Paul **Roscoe** kritisch: „Die Entwicklung des Menschenhirns hat nicht nur unsere kognitiven Kapazitäten allgemein erweitert, sondern auch unsere Fähigkeit, Gewalt zu organisieren, sie als strategisch-politisches Mittel einzusetzen und die Emotionen anderer Menschen zu manipulieren. [...] Die Höherentwicklung ist dem Menschen in dieser Hinsicht zum Verhängnis geworden“.[83] **Der Affe steckt im Menschen.** Das zeigt sich daran, dass der Mensch seine Aggressivität mit dem Schimpansen teilt. Den Säugetiervertretern Schimpanse und Mensch ist auch gemeinsam, dass sie kriegerische Strategien planen und durch gezielte Tötung von Artgenossen ausführen. Der Krieg, als destruktive, mit Waffen geführte und strategisch geplante Gruppenaggression des Menschen, ist ein Ergebnis seiner kulturellen Entwicklung. Kriege werden nicht vorrangig durch Aggressivität, sondern durch ein Übermaß an Hingabebereitschaft des Menschen ermöglicht. Dies lässt in beeindruckender Weise sein altes Primatenerbe erkennen. Die Bereitschaft von Menschen zur Loyalität wurde immer schon zu politischen Zwecken missbraucht. Diese angesprochene Neigung des Menschen zur Ergebenheit ist eine weitere Erklärung für die Mobilisierbarkeit zum gemeinsamen Kampf.

Durch die wirtschaftspolitische Globalisierung und durch die beschleunigte Entwicklung der Informationstechnologie sind weltweit Strukturen entstanden, die in vielen Bereichen kaum noch beherrschbar sind. Hinzu kommt, dass die **Verlagerung der asymmetrischen Kriegsführung** in den virtuellen Raum („Cyberspace“) den Feind unsichtbar macht und damit dessen Gegner im „Cyberwar“ verwundbarer werden lässt. Hackerangriffe auf lebensnotwendige Versorgungssysteme, die durch Computerprogramme gesteuert werden und von einer elektrischen Energieversorgung abhängig sind, würden sich innerhalb einer relativ kurzen Zeit verheerend auf eine Gesellschaft auswirken. Denn sehr schnell käme es zur **Auflösung des sozialen Ordnungsgefüges** mit der Folge von Anarchie.

Ein weiterer Risikofaktor ist **die wachsende Weltbevölkerung**, die mit ihren unbegrenzt steigenden Ansprüchen immer stärker in die Ökosysteme der Erde eingreift. Die Folge ist, dass sich die Menschheit mit hoher Geschwindigkeit auf einen Abgrund zubewegt, obwohl sie schon längst hätte abbremsen müssen. Die Gefahr wird zwar erkannt, aber es wird nicht entsprechend einsichtig gehandelt. Stattdessen wird das Tempo beschleunigt, mit dem der Planet Erde zerstört wird. Der britische Philosoph **John N. Gray** (geb. 1948) spricht das Kernproblem des Menschen an, wenn er sagt, dass die Zivilisation, so wie es **Sigmund Freud** (1856 – 1939) formulierte, **eine Schutzmaßnahme gegen sich selbst** ist. „Denn der Mensch ist nicht nur Eros, sondern auch Thanatos – mit seiner Neigung zu Aggression, Grausamkeit und Zerstörung. Deshalb ist jeder Fortschritt zweischneidig. Die Mehrung des Wissens erhöht die Macht des Menschen, zum Guten wie zum Bösen, über die Natur wie über andere Menschen. Der Homo sapiens ist und bleibt immer auch ein Homo rapiens, ein Räuber mit ungeheurer destruktiver Kraft, der die Welt in den Untergang führen kann."[84]

Der Physiker **Stephen Hawking** (1942 – 2018) vertrat ebenfalls die Ansicht, dass das Weiterleben der Menschheit in Gefahr ist.[85] In diesem Zusammenhang sind seiner Meinung nach Epidemien, die globale Erwärmung und Atomwaffen besonders bedrohliche Faktoren. Eindringlich warnte er davor, was sich entwickeln könnte, wenn künstliche Intelligenz die biologische Intelligenz des Menschen überholt.[86] „Der schlimmste Fehler überhaupt ist die Vorstellung von hochintelligenten Maschinen als Science-Fiction abzutun", schrieb Stephen Hawking in seinem letzten Buch „Kurze Antworten auf große Fragen". Seine Mahnung: „Unsere Zukunft ist ein Wettlauf zwischen der wachsenden Macht unserer Technologien und der Weisheit, mit der wir davon Gebrauch machen. Wir sollten sicherstellen, dass die Weisheit gewinnt." Einen hohen Stellenwert hatte für den Physiker Stephen Hawking eine fundierte naturwissenschaftliche Bildung. Denn in einer zunehmend technisierten Welt sei es wichtig, dass jeder verstehe, was unser Leben bestimme. Sonst würden Entscheidungen einer kleinen Super-Elite überlassen sein.[87]

Ich halte es für angebracht, noch einmal auf die Bedeutung der kulturellen Evolution im historischen Nahen Osten hinzuweisen.[88]

Der Nahe Osten ist eine geographische Bezeichnung, die für arabische Staaten Vorderasiens und Israel benutzt wird. Insbesondere die Region des so genannten Fruchtbaren Halbmondes und die Arabische Halbinsel gehören zum Nahen Osten. Eine in der kulturellen Evolution der Menschheit bedeutende Landschaft in Vorderasien ist Mesopotamien (grch. „Zwischenstromland“), das durch die großen Flusssysteme des Euphrat und Tigris geprägt wird. Man nennt es daher auch das Zweistromland. Zusammen mit Anatolien, der Levante und dem Tal des Indus gehört es zu den wichtigen kulturellen Entwicklungszentren des Alten Orients. Mesopotamien und die Levante bilden einen großen Teil des schon angesprochenen Fruchtbaren Halbmondes. Hier haben sich Menschen erstmals dauerhaft niedergelassen.“
Als Folge der Sesshaftigkeit entwickelten sich Stadtstaaten und Königreiche. Erfunden wurden die Schrift und die erste Rechtsordnung, der Ziegelstein, der Streitwagen und die Keramik.

Im Zusammenhang mit der Sesshaftigkeit des anatomisch modernen Menschen kam es immer wieder zu kriegerischen Auseinandersetzungen in der Kulturgeschichte des Menschen, deren Auswirkungen oftmals bis in die gegenwärtige Zeit ausstrahlen.

Ein Beispiel von Expansionspolitik in der Kulturgeschichte des Menschen ist das Osmanische Reich, das Anfang des 14. Jahrhunderts entstand. Im Nahen Osten beherrschten die Osmanen mit Syrien, Mesopotamien (dem Gebiet des heutigen Irak) und dem Hedschas, eine Landschaft im westlichen Saudi-Arabien mit den heiligen Städten Mekka und Medina, die historischen Kernländer des Islam. In Nordafrika unterstand das Gebiet von Nubien über Oberägypten westwärts bis zum mittleren Atlasgebirge der osmanischen Herrschaft.

Nach der Niederlage des Osmanischen Reiches im Ersten Weltkrieg (1914 – 1918) wurden durch die europäischen Siegermächte viele Grenzen im Nahen Osten nach machtpolitischen Gesichtspunkten festgelegt. Bereits am 16. Mai 1916 war für diese Region ein britisch-französisches Abkommen getroffen worden, das britische und französische Einflusssphären nach der Zerschlagung des Osmanischen Reiches festlegte. Ausgehandelt wurde es auf britischer Seite von Sir Mark Sykes und auf französischer Seite von Francois Georges-Picot. Auf der **Grundlage des Sykes-Picot-Abkommens** erfolgten ‚wie auf einem Reißbrett' willkürliche Grenzziehungen mit weitreichenden politischen Folgen, die bis heute für Konflikte sorgen. Beispiele dazu sind die Konflikte zwischen Israel und Palästina, die ungelöste Frage kurdischer Selbstbestimmung und der Bürgerkrieg in Syrien, der sich mittlerweile zu einem Stellvertreterkrieg entwickelt hat. Der Nahe Osten ist eines von vielen, gegenwärtigen militärischen Spannungsgebieten mit einem enormen Gefahrenpotential für die Menschheit. Würde es in dieser Region zu einem Schlagabtausch mit Atomwaffen kommen, dann wäre die Zukunft nur noch eine Illusion. Ein solcher Vorfall würde das Ende der Menschheit bedeuten. Zudem ist es nicht ausgeschlossen, dass es zeitgleich auch in anderen Krisenbereichen auf der Erde zu militärischen Auseinandersetzungen mit Atomwaffen kommen könnte.

Übrigens

An jedem der globalen Schauplätze des thermonuklearen Krieges spielt sich das gleiche Szenario ab: Nach der nuklearen Kettenreaktion kommt es zur Feuerball- und Druckwellenbildung. Es erfolgt sodann die Ausbreitung der Druckwelle und das Abkühlen des Feuerballs. Anschließend bildet sich die Pilzwolke, die Explosionswolke breitet sich aus und der radioaktive Niederschlag (Fallout) setzt ein.

Wir müssen uns immer wieder bewusst machen, dass beim Menschen Motive für aggressives Verhalten vorkommen, für die es bei Tieren, abgesehen von den Schimpansen, nichts Vergleichbares gibt. Das ist zum Beispiel **Aggression aus Gehorsam**. Sie hat sicherlich biologische Wurzeln, etwa im Rangordnungsverhalten. In ihrer spezifisch menschlichen Ausprägung konnte Aggression sich jedoch erst nach der Entwicklung einer differenzierten Sprache entfalten. Wie jeder von uns im Alltag selbst erleben kann, wenden Menschen Aggression zur Durchsetzung von Zielen oder instrumentelle Aggression an. Hierzu gehört auch die Durchsetzung politischer Ziele.

Unter den gegenwärtigen globalen sozialpolitischen Gegebenheiten werden sich kaum wirksame Lösungen zu den Problembereichen umsetzen lassen.

Das Dilemma besteht darin, dass es nicht möglich sein wird, im Hinblick auf alle Problembereiche, die die Menschheit betreffen, auf globaler Ebene einen Konsens zu finden, wenn man nach dem **Top-down-Prinzip** vorgeht. Das zeigt sich beispielsweise bei der Umweltzerstörung und dem unkontrollierten Abbau von natürlichen Ressourcen. Bei dem Versuch, die Krisen auf unserem Planeten zu bewältigen, wird uns immer wieder vor Augen geführt, wie schwer politische Übereinkünfte auf internationaler Ebene zu erzielen sind.

Top-down-Prinzip

- Globale Ebene > Kontinentale Ebene > Staatliche Ebene > Kommunale Ebene > Ebene Familie > Ebene Individuum

Vielleicht ist es hilfreicher, das **Bottom-up-Prinzip** anzuwenden.

Bottom-up-Prinzip

- Ebene Individuum > Ebene Familie>Kommunale Ebene > Staatliche Ebene > Kontinentale Ebene > Globale Ebene

Der erste entscheidende Schritt muss schon bei dem Individuum beginnen. Es ist allerdings wichtig, dass dessen Bewusstsein für eine Mitverantwortung gegenüber den Ökosystemen der Erde früh genug gefördert wird. Das setzt allerdings voraus, dass eine **gute Allgemeinbildung** vermittelt wird. Dadurch kann die Lernkompetenz eines Individuums gefördert werden.

Das sollte man wissen

Da die Gemeinsamkeiten von Menschen sehr viel größer sind als die Unterschiede, liegt darin der Schlüssel zum Erfolg. Voraussetzung für ein global politisches Gelingen ist allerdings, dass man von einem Menschenbild ausgeht, das unseren stammesgeschichtlichen Wurzeln gerecht wird. Vor allem ist die Entwicklung von sozialpolitischen Langzeitstrategien erforderlich.

Wechseln wir das Thema und befassen uns mit der unumgänglichen Frage: **„Welche Auswirkungen hätte eigentlich ein global ausgeführter atomarer Schlagabtausch?“** Denn ein solches Szenario ist unter den gegenwärtigen politischen Bedingungen nicht ganz auszuschließen.

Der amerikanische Atomphysiker **Jack Goldman** vom Department of Natural Sciences wird uns Antworten auf die gestellte Frage geben:[89]

„Ich werde Ihnen eine wissenschaftliche Ansicht vorstellen, die sich mit den Folgen eines globalen Atomkriegs beschäftigt. In einer im Dezember 1983 von einer internationalen Gruppe von Wissenschaftlern herausgebrachten Veröffentlichung wird die Theorie vom ‚Nuclearen Winter' vertreten. Sie besagt, dass ein globaler nuklearer Schlagabtausch zu ausgedehnten Bränden von Städten und Wälder führen. Riesige Mengen von Staub und Rauch gelangen in die Atmosphäre und bilden eine dunkle Decke aus. Durch die Großbrände in den getroffenen Städten verbrennen große Mengen an Öl und Kunststoffen, die einen noch dichteren Rauch erzeugen als Waldbrände. Durch die enorme Hitze dieser großflächigen Feuer werden Rauch, Ruß und Staub sehr hoch in die Atmosphäre getragen. Je nach Ausmaß der Zerstörung könnte es Wochen oder Monate dauern, bis die Partikel wieder abgesunken oder ausgewaschen sind. Während dieser Zeit wird ein Großteil des einfallenden Sonnenlichtes von ihnen absorbiert, so dass die Oberflächentemperatur abnimmt. Es wird kalt. Die einschneidenden Temperaturveränderungen führen zu großräumigen Luftbewegungen. Eisstürme verwüsten das Land. Zusätzlich zum radioaktiven Niederschlag entsteht giftiger Smog. Die Kälte verursacht Ernteausfälle, so dass Hungersnot eintritt. Die Ernährungslage wird weltweit bedrohlich, denn die Rauch- und Staubdecke verteilt sich über die ganze Erde. Die Erdkruste vereist bis zu einem Meter Tiefe. Die Wasserversorgung ist gefährdet.
Dieser Zustand hält Monate an. Den Menschen, die bisher nicht durch Verletzungen, Verbrennungen oder Verstrahlungen umkamen, droht jetzt der Tod durch Seuchen und Verletzungen. Nach Monaten lichtet sich die dunkle Decke und der Planet Erde ist plötzlich der erhöhten Ultraviolett (UV) – Strahlung ausgesetzt. Der ‚photochemische Smog' wird zur Gefahr. Denn unter Einwirkung der UV-Strahlung bilden Stickstoffoxide zusammen mit Kohlenstoffmono-

oxid (CO) aus Waldbränden sowie Kohlenwasserstoffen aus Öl- und Gasquellen das aggressive Ozon, ein aus drei Sauerstoffatomen bestehendes Molekül. Die Luft in Bodennähe enthält dann über Monate hinweg etwa fünfmal so viel Ozon wie normalerweise. Ein monatelanges ‚Ozonbad' hätte für Pflanzen, die bis zu diesem Zeitpunkt noch überlebt haben, verheerende Folgen. Insekten werden dieses Szenario weitgehend überleben. Denn sie sind gegenüber radioaktiver Strahlung und Temperaturschwankungen widerstandsfähiger. Sie werden unter den noch lebenden Menschen Seuchen verbreiten, von denen man annahm, dass sie ausgerottet seien. Strahlenkrebs und strahlenbedingte Erbschäden sind weitere Folgen für Menschen, die in dieser veränderten Welt weiterleben müssen."

***

Beschäftigen wir uns mit dem folgenden Problem: „Stellen wir uns einmal vor, dass es nach einem globalen atomaren Schlagabtausch keine Menschen mehr auf der Erde leben würden. Welche nachfolgenden Prozesse würden sich unter diesen Bedingungen auf unserem Planeten abspielen?" Auch dazu entwickelt **Jack Goldman** ein Szenario:

„Es ist zu erwarten, dass schon in 24 oder vielleicht 48 Stunden die ersten Kraftwerke einen Blackout erleben, da es an Kohle, Öl oder Gas mangelt. Wesentlich empfindlicher reagieren Kernkraftwerke darauf, dass eine Wartung ausbleibt. Denn fällt die Wartung des Kühlkreislaufes aus, kann dies zu Bränden oder sogar zu Kernschmelzen führen. In den verlassenen Städten würden Straßen absacken und dadurch Flussbetten entstehen. Bäume, Sträucher und Gräser nehmen nach und nach Besitz von den Gebäuden. In einem

Zeitraum von 20 Jahren wären die Städte überwachsen. Metropolen, die in Flussdeltas hineingebaut worden sind, wären bald fortgeschwemmt. Die Bausubstanz von Staudämmen wäre ohne Pflege durch den Menschen schon nach wenigen Jahrzehnten marode und die Staudämme würden bersten. Nach 1000 Jahren wären nur noch wenige von Menschen geschaffene Baustrukturen intakt.

Man kann davon ausgehen, dass innerhalb von 50 Jahren sich drei Viertel der von Menschen angelegten Forstareale wieder in Richtung Urwald verwandelt haben. In den tropischen Zonen wird dieser Prozess schneller ablaufen als in den Vegetationszonen auf der nördlichen Erdhalbkugel. Auch der tropische Regenwald würde sich auf den durch Menschen abgeholzten Flächen zügig erholen.

Es ist zu erwarten, dass in den Ozeanen durch die Abwesenheit des Menschen die Artenvielfalt wieder zunehmen wird. Interessant ist noch zu erwähnen, dass erst in 35 000 Jahren der Boden vom Blei der Industrien gereinigt wäre. 250 000 Jahre würde es dauern, bevor das Plutonium in den Nuklearwaffen abgebaut wäre. Gifte wie die polychlorierten Biphenyle lassen sich allerdings noch in mehreren Millionen Jahren nachweisen."

Es ist zu hoffen, dass nicht erst alle Menschen von der Erde verschwinden müssen, damit sich der Planet Erde wieder erholen kann. Als Weltgemeinschaft kommen wir nicht umhin, eine **ökologische Ethik** zu entwickeln, die auf praktischer Vernunft und globaler Konsensfähigkeit beruht.

Im Hinblick auf die Gefahr militärischer Auseinandersetzungen mit Atomwaffen ist es kaum zu ertragen, dass das Schicksal der Weltbevölkerung in den Händen einiger Politiker liegt oder abhängig ist vom Wachpersonal der Raketensilos, in denen sich nukleare Interkontinentalraketen befinden, ebenso abhängig ist vom Wachpersonal in Radarstationen und in Überwachungszentralen.

Da Menschen Fehler machen, ist in dem **atomaren Imponier- und Machtgehabe** auf der Weltbühne der Faktor Mensch die große Unbekannte. Immer wieder können sich im Zusammenleben der Weltbevölkerung Situationen ergeben, in denen anlässlich von militärischen Konflikten oder auf Grund von politischer Unfähigkeit der Verantwortlichen Fehlentscheidungen getroffen werden, mit folgenschweren Auswirkungen für die Menschheit. Der verständige Mensch (Homo sapiens) wird es selbst nicht mehr beeinflussen können, da sich ihm gegenüber der zerstörerische Mensch (Homo rapiens) durchgesetzt hat.

Für meine Leserinnen und Leser möchte ich noch ein Zitat des französischsprachigen Genfer Schriftsteller, Philosophen, Naturforscher und Komponisten der Aufklärung, **Jean Jacques Rousseau**, erwähnen. Er lebte von 1712 bis 1778 und war ein wichtiger Wegbereiter der Französischen Revolution gewesen.

Das **Zitat** lautet: *„Es gibt doch bei dem Menschengeschlecht keinen wahren Fortschritt der Vernunft, weil alles, was auf der einen Seite als Gewinn angesehen werden kann, durch Verluste auf der anderen Seite wieder aufgewogen wird.“*

Die Erkenntnis von Rousseau ist als Aufforderung zu verstehen, das tierliche Lebewesen Mensch realistisch zu sehen und es nicht zu idealisieren.

Das Interview

In einer Befragung des 80jährigen Autors Rolf W. Meyer, die im Februar 2022 stattfand, wollte die Journalistin **Lydia Emma Geisenbaum**[90] wissen: *„Was, Herr Meyer, hat Sie veranlasst, dieses Buch zu schreiben? Sie schildern darin sehr anschaulich und emotional bewegend das gedankenlose, unkontrollierte, von Gewinnstreben verleitete Verhalten der ideologisch geprägten Vertreter einer Unterart (Subspezies) auf dem Planeten Erde, die nur schwer zu ergründen ist."*

Meyer: Mit diesem Buch möchte ich dazu beitragen, dass meine Mitmenschen sich von den Vorstellungen herkömmlicher Menschenbilder lösen können, wie sie beispielsweise in der Philosophie, Theologie, in der Sozialwissenschaft oder etwa in der Pädagogik vertreten werden, und stattdessen den „anatomisch modernen Menschen", der taxonomisch als „Homo sapiens sapiens" gekennzeichnet wird, realistisch als das wahrnehmen, was er ist: Ein Produkt der Primatenevolution. Denn diese Subspezies ist nur zu begreifen, wenn man sich intensiv mit ihrer stammesgeschichtlichen Entwicklung beschäftigt.

Geisenbaum: *Zu welchen Erkenntnissen kann man dabei beispielsweise kommen?*
Meyer: Zum einen, dass der Mensch von seiner Stammesgeschichte her, die in Afrika begann, auf ein Gemeinschaftsleben in kleinen, gut überschaubaren Gruppen programmiert worden ist. Die Sozialverbandsmitglieder konnten in ihren Funktionen als Jäger und Sammler für das gemeinschaftliche Überleben wichtige Fähigkeiten entwickeln, wie etwa das Kooperationsvermögen und die Empathie. Darunter versteht man das Vermögen, sich in die

Gefühlslage anderer Sozialpartnerinnen und Sozialpartner hineinzuversetzen. Nebenbei bemerkt: Das Zusammenleben in Mehr-Generationen-Sozialverbänden erwies sich in der Frühzeit als sehr vorteilhaft. Ein weiterer Aspekt ist, dass das alte Primatenerbe des Trockennasenprimaten Mensch sich bis heute noch bei uns anatomisch modernen Menschen auf dem Planeten Erde bemerkbar macht. Bekanntlich sind wir mit den Schimpansen, bei denen ein Patriarchat vorherrscht, und mit den Zwergschimpansen, auch Bonobos genannt, die ein Matriarchat kennzeichnet, biologisch betrachtet, am engsten verwandt. Dieses Primatenerbe kann sich aber in vielerlei Hinsicht als nachteilig für die Weltbevölkerung erweisen. Dies belegen, analog dem aggressiven Verhalten von sozialen Verbänden von Schimpansen, wenn sie kriegerische Auseinandersetzungen veranstalten, die täglich ausgeübten, global geführten kriegerischen Auseinandersetzungen des anatomisch modernen Menschen – überwiegend aus wirtschaftspolitischen Interessen von einigen wenigen gegenüber der Mehrheit der Sozialverbandsmitglieder.

Geisenbaum: *Mit der Sesshaftwerdung kam für den anatomisch modernen Menschen der große Einschnitt in seiner Entwicklungsgeschichte. Können Sie das an einigen Beispielen begründen?*
Meyer: Das mache ich gern. Zuvor ist aber noch anzumerken, dass eine Rückentwicklung zu global lebenden Jäger- und Sammler-Verbänden nicht mehr möglich ist. Nun zu Ihrem Anliegen. Durch die Sesshaftwerdung und die damit verbundene anfänglich neue Lebensweise („Ackerbau und Viehzucht“) haben sich immer größere Sozialverbände entwickeln können, in Verbindung mit unterschiedlichen Kulturformen. Als sehr belastend erwiesen sich allerdings kriegerische Auseinandersetzungen.

Die „soziale Erfindung“ Religion hat sich im Laufe der nachfolgenden kulturellen Evolution für die Menschen zum größten Teil als verhängnisvoll erwiesen. Alle Staatsformen und Regierungssysteme, die seit der Sesshaftwerdung im Zusammenhang mit der kulturellen Evolution entwickelt wurden, haben sich für den Menschen als nicht geeignet erwiesen. Ebenso ist die Vorstellung einer „selbstlosen Gesellschaft“ nach sozialistischem beziehungsweise kommunistischem Muster immer wieder gescheitert. Dies gilt auch für die Wirtschaftsform „Superkapitalismus“.

Im Zeitalter der Computertechnik und damit im digitalen Zeitalter denken, fühlen und handeln wir Menschen immer noch mit einer „Steinzeitpsyche“.

Geisenbaum: *Sehen Sie für die Weltgemeinschaft auf dem Planeten Erde langfristig eine Überlebenschance?*
Meyer: Nein! Begründung: In einem relativ kurzen Zeitraum in unserer modernen Entwicklungsgeschichte haben wir Menschen die natürliche Umwelt, von der wir abhängig sind, aus egoistischen und gewinnbringenden Gründen, auf Grund unserer Selbstüberschätzung und nicht zuletzt durch progressive Dämlichkeit der Mitglieder der Weltgemeinschaft, dermaßen zerstört, dass dadurch der anthropogene Klimawandel eingeleitet wurde. Die entstandenen Umweltschäden sind dermaßen groß und vor allem irreparabel, so dass wir Menschen allein schon dadurch unsere Zukunft verspielen.

Hinzu kommen auf dem Planeten Erde kriegerische Auseinandersetzungen, die sich selbst als lokale Konflikte global auswirken. Fehler in der internationalen Politik verursachen immer wieder neue Konfliktfelder für die Weltbevölkerung, wie uns das Beispiel

„Naher Osten“ vor Augen führt. In Syrien, Libyen, Jemen und im Irak werden schon seit vielen Jahren Kriege „aller gegen alle“ geführt.

Der militärische Aufstieg Russlands und die neue Rivalität China versus USA um die Vorherrschaft in der Welt sind weitere Faktoren, die für die Weltbevölkerung gefährlich werden können.

Weltweit sind politische Führungspositionen oftmals von Menschen besetzt, bei denen sich der Dunning-Kruger-Effekt zeigt. Man spricht auch von kognitiver Dissonanz beziehungsweise von kognitiver Verzerrung. Damit soll zum Ausdruck gebracht werden, dass weniger kompetente Personen dazu neigen, ihre eigenen Fähigkeiten zu überschätzen, jedoch überlegene Fähigkeiten bei anderen Personen nicht erkennen. Was aber vor allem tragisch ist, spiegelt sich in der Tatsache wider, dass weniger kompetente Personen das Ausmaß ihrer eigenen Inkompetenz nicht richtig einschätzen. Was zu denken gibt, ist die Tatsache, dass solchen wenig kompetenten Personen in der Politik unter Umständen die Entscheidungs- und Befehlsgewalt über den Einsatz von Atomwaffen übertragen worden ist.

Anmerkungen

1. Zitiert aus Katharina Menne: Hier steht's! Wenn Sie nur ein Buch über Biologie lesen könnten. In: DIE ZEIT, Nr. 51, vom 9. Dezember 2021

2. dto.

3. Zitiert aus Rainer Hank: ETF auf die Unsterblichkeit. In: Frankfurter Allgemeine Sonntagszeitung, Nr. 51, vom 26. Dezember 2021

4. James Suzman: Sie nannten es Arbeit. Eine andere Geschichte der Menschheit. C. H. Beck Verlag, München 2021

5. Zitiert aus Jäger und Sammler lebten besser. In: DER SPIEGEL Nr. 19/8.5.2021, S. 117

6. Aus Rolf W. Meyer: Unsere Zukunft liegt in der Vergangenheit oder Lernen von unseren frühzeitlichen Vorfahren. epubli GmbH, Berlin 2021

7. Aus Irenäus Eibl-Eibesfeldt: Wider die Mißtrauensgesellschaft. Streitschrift für eine bessere Zukunft. R. Piper Verlag, München/Zürich 1995

8. Hartmut Rosa: Beschleunigung und Entfremdung. Entwurf einer kritischen Theorie spätmoderner Zeitlichkeit. Suhrkamp Verlag, Berlin 2013

9. Zitiert aus Sebastian Hammelehle: Beschleunigung. Das alles beherrschende Monster. Spiegel online vom 03.07.2013

10. Aus Axel Bojanowski: Debatte über Anthropozän. Forscher präsentieren Beweise für neues Menschenzeitalter. Spiegel online vom 25.08.2014

11. Zitiert aus dem Interview von Jochen Bittner und Artin Machowecz (ZEIT-Redaktion) mit Altbundespräsidenten Joachim Gauck: „Wir dürfen den Anspruch haben, klarer und deutlicher geführt zu werden." In: DIE ZEIT, Nr. 51, vom 9. Dezember 2021, S. 15

12. Zitiert aus Hubert Markl: Kluge Köpfe müssen schwitzen. In: DIE ZEIT, Nr. 34, vom 18. August 1995, S. 32

13. dto.

14. Proteine (Eiweiße) sind biologische Makromoleküle, die aus Aminosäuren aufgebaut sind und sich durch die Vielfalt ihrer Funktionen in biologischen Systemen auszeichnen (z. B. als Gerüst- und Strukturproteine, Plasmaproteine oder als Biokatalysatoren, auch Enzyme genannt.)

15. In Anlehnung an Clive Gamble, John Gowlett, Robin Dunbar: Evolution, Denken, Kultur. Springer Spektrum Verlag, Berlin und Heidelberg 2016

16. dto.

17. Johannes Krause und Thomas Trappe: Hybris – Die Reise der Menschheit zwischen Aufbruch und Scheitern. Ullstein Buchverlage GmbH, Berlin 2021

18. Zitiert aus dem Interview von Guido Kleinhubbert mit Johannes Krause: Genetischer Bauplan des Menschen – Wir haben ein eingebautes Selbstzerstörungsprogramm. Spiegel online vom 28.10.2021

19. dto.

20. Zitiert aus Wirtschaftswoche, 29.5.2003, Nr. 23, S. 30 („Den Fortschritt selbst bestimmen")

21. In Anlehnung an Rolf W. Meyer: Unsere Zukunft liegt in der Vergangenheit oder Lernen von unseren frühzeitlichen Vorfahren. epubli GmbH, Berlin 2021, S. 44 ff.

22. Quelle: Statistisches Bundesamt

23. Ulrich Bahnsen: Schwarzer Kontinent Europa. In: DIE ZEIT vom 26. April 2007

24. In Anlehnung an Franz M. Wuketits: Soziobiologie. Spektrum Akademischer Verlag, Heidelberg/Berlin/Oxford 1997, S. 145

25. Carel van Schaik & Kai Michel: Die Wahrheit über Eva – Die Erfindung der Ungleichheit von Frauen und Männern. Rowohlt Buchverlag, Hamburg 2020

26. Spiegel-Gespräch in DER SPIEGEL Nr. 48/21.11.2020, S. 106 – 112

27. Zitiert aus dto.

28. American Anthropologist, Herbstausgabe 1998, Spektrum Ticker vom 9.10.1998 als Bezugsquelle

29. In Anlehnung an DER SPIEGEL 9/2006, S. 146

30. In Anlehnung an Regina Hartleb: Wann ist der Mensch ein Mensch? Rheinische Post vom 15. Januar 2020

31. Franz M. Wuketits: Soziobiologie – Die macht der Gene und die Evolution sozialen Verhaltens. Spektrum Akademischer Verlag, Heidelberg/Berlin/Oxford 1997, S. 75, Bezugsquelle

32. Rolf W. Meyer: Vom Faustkeil zum Internet – Die Entwicklungsgeschichte der Menschen. Humboldt Verlag GmbH, Baden-Baden 2007, S. 41f. (Bezugsquelle)

33. Robert D. Martin: Hirngröße und menschliche Evolution. Spektrum der Wissenschaft, September 1995, S. 48 – 55

34. Robin Dunbar: Klatsch und Tratsch – Warum Frauen die Sprache erfanden. C. Bertelsmann, München 2000

35. In Anlehnung an „Universalgrammatik“ der Gesten in DER SPIEGEL 28/2008

36. Irenäus Eibl-Eibesfeldt: Die Biologie des menschlichen Verhaltens. Grundriß der Humanethologie. Piper Verlag, München 1995

37. Josef Reichholf: Warum wir siegen wollen. Der sportliche Ehrgeiz als Triebkraft in der Evolution des Menschen. dtv, München 2001

38. Fitness ist ein Maß dafür, wie viele Kopien der eigenen Gene durch eigene Fortpflanzung (direkte Fitness) und Verwandtenunterstützung (indirekte Fitness) in die nächste Generation gelangen. Die Verwandten wirken in diesem Zusammenhang als „Helfer am Nest".

39. Rheinische Post vom 4. August 2001: Wer weiß ist, läuft hinterher (Bezugsquelle)

40. Jerome Barkow, Leda Cosmides and John Tooby (1992): The Adapted Mind – Evolutionary Psychology and The Generation of Culture

41. dto.

42. Irenäus Eibl-Eibesfeldt: Die Biologie des menschlichen Verhaltens. Seehamer Verlag, Weyarn 1997 (Bezugsquelle)

43. Zitiert aus Leserbrief von Prof. Dr. Heiner Flohr, Heinrich-Heine-Universität, Düsseldorf, an die Rheinische Post vom 14.09.1996

44. Irenäus Eibl-Eibesfeldt: Menschenforschung auf neuen Wegen – Die naturwissenschaftliche Betrachtung kultureller Verhaltensweisen. Verlag Fritz Molden, Wien/München/Zürich 1996 (Bezugsquelle)

45. SPIEGEL-Gespräch „Humanismus ist ein Aberglaube“ in DER SPIEGEL 9/2010, S. 136 – 140

46. Rolf W. Meyer: Der Mann – ein Auslaufmodell? oder Warum Frauen die besseren Strategen sind. epubli GmbH, Berlin 2020

47. In Anlehnung an den Artikel von Ulrich Bahnsen: „Erbgut in Auflösung“ in DIE ZEIT, Nr. 25, vom 12. Juni 2008

48. Text zur Dauerausstellung des Neanderthal Museums, Mettmann (1996)

49. Jupp Steinpilz: Deutsche Schrebergartenmentalität. Juni 2009, Internet

50. Anette Bosetti: Die „Zeitbombe Stadt“. Interview mit Peter Sloterdijk. In: Rheinische Post vom 18. Oktober 2006

51. Zitiert aus Norbert Bolz: Rückkehr der Stämme. In: Rheinische Post vom 17. September 1999

52. Hubert Markl: Setzt auf die geistigen Kräfte. In: Rheinische Post vom 13. Juli 2001

53. In Anlehnung an Bernd Lötsch (1993): Ist die Zukunft schon zu Ende? In: Funkkolleg Der Mensch – Anthropologie heute. Studienbrief 10

54. Rosa, Hartmut: Beschleunigung – Die Veränderung der Zeitstruktur in der Moderne. Suhrkamp Verlag, Frankfurt am Main 2005

55. Zitiert aus Klaus Wilhelm: Wohin die Evolution uns treibt. Bild der Wissenschaft vom 17.02.2015, Internet

56. Zitiert aus dto.

57. Aus Klaus Wilhelm: Wohin die Evolution uns treibt. Bild der Wissenschaft vom 17.02.2015, Internet

58. In Anlehnung an Jens Berger: Von der Finanzkrise in die 20:80 Gesellschaft. Online-Artikel vom 09.12.2008

59. Jeremy Rifkin: Das Ende der Arbeit und ihre Zukunft – Neue Konzepte für das 21. Jahrhundert. Fischer Taschenbuch, Frankfurt am Main, September 2005; 4. Auflage: April 2016

60. Zitiert aus Jens Berger: Von der Finanzkrise in die 20:80 Gesellschaft. Online-Artikel vom 09.12.2008

61. In Anlehnung an SPIEGEL Online-Artikel „Das Ende der Politik“ vom 13. August 2011

62. „Der Westfälische Friede oder Westfälische Friedensschluss war eine Reihe von Friedensverträgen, die zwischen dem 15. Mai und dem 24. Oktober 1648 in Münster und Osnabrück geschlossen wurden. Sie beendeten den Dreißigjährigen Krieg im Heiligen Römischen Reich und den Achtzigjährigen Unabhängigkeitskrieg der Niederlande. […] Der Friede von Münster, Osnabrück, Mainz und Nürnberg wurde zum Vorbild für spätere Friedenskonferenzen, da er dem Prinzip der Gleichberechtigung der Staaten, unabhängig von ihrer tatsächlichen Macht, zur Durchsetzung verhalf." (Bezugsquelle: Wikipedia)

63. Als Bildungskanon bezeichnet man den als unabdingbaren Bildungskern einer Kultur erachteten Wissensbestand.

64. Der israelische Historiker Yuval Noah Harari lehrt an der Hebräischen Universität Jerusalem. Bekannt wurde er mit seinem Buch „Eine kurze Geschichte der Menschheit". Sein neues Buch trägt den Titel „21 Lektionen für das 21. Jahrhundert", erschienen beim C. H. Beck Verlag, München 2018

65. Zitiert aus Yuval Noah Harari: Wie wir überleben können. In: Rheinische Post vom 16.10.2018

66. Zitiert aus dto.

67. In Anlehnung an dto.

68. Zitiert aus dto.

69. Immanuel Kant (1724 – 1804) war ein deutscher Philosoph der Aufklärung. Der Begriff „Aufklärung“ bezeichnet die um das Jahr 1700 einsetzende Entwicklung, durch rationales („aus der Vernunft stammendes“) Denken alle Strukturen, die den Fortschritt behindern, zu überwinden. Kant zählt zu den bedeutendsten Vertretern der abendländischen Philosophie.

70. Zitiert aus „Früher war alles besser – stimmt das?“ In: prisma Nr. 42/2021, S. 5

71. Zitiert aus dto.

72. Zitiert aus dto.

73. Richard David Precht: Jäger, Hirten, Kritiker. Eine Utopie für die digitale Gesellschaft. Wilhelm Goldmann Verlag, München 2018

74. SPIEGEL-Gespräch mit Richard David Precht: „Die Digitalisierung bedroht alles, was ist“ In: DER SPIEGEL Nr. 17/21.4.2018

75. Zitiert aus Jochen Clemens: Darwins digitale Erben sind da. In: WELT AM SONNTAG, Nr. 48, 28. November 2021, S. 24

76. Thomas Schulz: Zukunftsmedizin – Wie das Silicon Valley Krankheiten besiegen und unser Leben verlängern will. Deutsche Verlags-Anstalt, München 2018

77. Andrew Parker: In the Blink of an Eye – How Vision sparked the big bang of Evolution. Basic-Books; Reprinted Edition 2004

78. Zitiert aus Wie digitale Transparenz die Welt verändert. Spektrum.de – Onlineartikel vom 21.05.2015

79. In Anlehnung an Rolf W. Meyer: Überleben im Alltag oder Welche Strategien für das Sozialwesen Mensch wichtig sind. epubli GmbH, Berlin 2019

80. Weimer, Wolfram: Land unter – Ein Pamphlet zur Lage der Nation. Gütersloher Verlagshaus, Gütersloh 2012, S. 15

81. Schweizer, Gabrielle: Öko-Bio-Kommunitarist. DIE ZEIT Nr. 6 vom 31. Januar 2002

82. Lethmate, Jürgen: Vom Affen zum Halbgott – Die Besonderheiten des Menschen. In: Funkkolleg Der Mensch, Studienbrief 1, DIFF Tüningen 1992

83. Zitiert aus Joachim Müller-Jung: Homo sapiens, der rationale Killer. Frankfurter Allgemeine Wissen vom 16.02.2003

84. Spiegel-Gespräch mit John Gray: „Humanismus ist ein Aberglaube“. In: DER SPIEGEL 9/210, S. 139; Eros, gr.: Gott der Liebe; Thanatos, gr.: der Tod; Homo rapiens, l.: der verwüstende Mensch

85. Der britische theoretische Physiker und Astrophysiker Stephen William Hawking (1942 – 2018) ist Autor des Buches „Kurze Antworten auf große Fragen“. Verlag Klett-Cotta, Stuttgart 2018

86. Künstliche Intelligenz (KI) ist ein Teilbereich der Informatik, welcher sich mit der Automatisierung von intelligentem Verhalten und mit dem Maschinellen Lernen befasst.

87. In Anlehnung an Ludwig Jovanovic: Stephen Hawkings letzte Worte. Rheinische Post vom 24.10.2018

88. In Anlehnung an Rolf W. Meyer: Die Zukunft ist nur eine Illusion oder Vom verständigen Menschen zum zerstörerischen Menschen. epubli GmbH, Berlin 2017

89. Bei dem Atomphysiker Jack Goldman handelt es sich um einen fiktiven Wissenschaftler.

90. Bei Lydia Emma Geisenbaum handelt es sich um eine fiktive Journalistin.

Zur Person

Rolf W. Meyer wurde am 28. Februar 1942 in Dresden geboren. Mehrere Jahre Berufstätigkeit als Chemielaborant und Chemotechniker in anorganisch-chemischen und biochemisch-medizinischen Bereichen. Danach einjährige wissenschaftliche Tätigkeit als Laborassistent im Fachbereich Geochemie an der Woods Hole Oceanographic Institution, MA (USA). In Verbindung damit Teilnahme an zwei meeresbiologischen Forschungsreisen im Nord- und Südatlantik sowie Organisation und Teilnahme an einer geologischen Forschungsreise durch USA und Kanada. Nach einer Weltreise Studium der Fächer Biologie und Chemie für das Lehramt an Gymnasien an der Friedrich-Wilhelms-Universität Bonn. In beiden Fachbereichen 30 Jahre lang Unterrichtstätigkeit als Gymnasiallehrer. Seit vielen Jahren Sachbuchautor und Verfasser von Fachartikeln im Hinblick auf Didaktik und Methodik des naturwissenschaftlichen Unterrichts und zur Humanevolution. Seit 1996 freier Mitarbeiter der Museumspädagogik im Neanderthal Museum, Mettmann.

Veröffentlichungen von Rolf W. Meyer (Auswahl)

Eines Menschen Weg oder Erinnerungen an das 20. Jahrhundert. epubli GmbH, Berlin 2021

Älter werden oder Warum wir nicht ewig jung bleiben können. epubli GmbH, Berlin 2021

Unsere Zukunft liegt in der Vergangenheit oder Lernen von unseren frühzeitlichen Vorfahren. epubli GmbH, Berlin 2021

In der Falle oder Warum wir Menschen unsere Zukunft verspielen. epubli GmbH, Berlin 2020

Erinnerungen oder Zeitspuren in die Vergangenheit. epubli GmbH, Berlin 2020

Am Ende eines Tages oder Zeitspuren einer Familie. epubli GmbH, Berlin 2020

Der Mann – ein Auslaufmodell? oder Warum Frauen die besseren Strategen sind. epubli GmbH, Berlin 2020

Der Affe im Anzug oder Unser Leben im Alltagsdschungel. epubli GmbH, Berlin 2020

Welche Erkenntnisse wir aus der menschlichen Stammesgeschichte für eine nachhaltige Politik gewinnen sollten (Update). Zeitgeist online vom 08. Januar 2020

Der Mensch – Ein Spiegelbild seiner Zeit oder Wohin uns der Zeitgeist treibt. epubli GmbH, Berlin 2019

Überleben im Alltag oder Welche Strategien für das Sozialwesen Mensch wichtig sind. epubli GmbH, Berlin 2019

Spurensuche zur Entwicklungsgeschichte des Menschen oder Der lange Weg zur Menschwerdung. epubli GmbH, Berlin 2018

Die Zukunft ist nur eine Illusion oder Vom verständigen Menschen zum zerstörerischen Menschen. epubli GmbH, Berlin 2017

Generation der gewonnenen Jahre oder Das Alter kennt keine Grenzen. epubli GmbH, Berlin 2017

Immer wenn die Schwalben im Haus nisteten oder Erinnerungen und Erzählungen aus vier Generationen. epubli GmbH, Berlin 2015

Hat der Mensch noch eine Zukunft auf der Erde? Eine evolutionsbiologische Betrachtung. epubli GmbH, Berlin 2014

Begegnung mit Gammla oder Eine Zeitreise mit Faustkeil und Smartphone. epubli GmbH, Berlin 2014

Die Steinzeit war erst vorgestern – Warum uns die moderne Zivilisation zu schaffen macht.
Zeitgeist online vom 21. Mai 2012

Vom Faustkeil zum Internet – Die Entwicklungsgeschichte des Menschen. Humboldt Verlag, Baden-Baden 2007

Linkshändig? Humboldt Verlag, Baden-Baden 2007 (9. Auflage)

Woher kommen wir? Wer sind wir? Wohin gehen wir? Neanderthal Museum, Mettmann 2001

Chemie für den Leistungskurs Biologie. Stark Verlagsgesellschaft mbH, Freising 1997

FSC
www.fsc.org
MIX
Papier | Fördert gute Waldnutzung
FSC® C083411